Historia del Rock en México

De los años 50 al siglo XXI

Laura Martínez Hernández

2025

Diseño de portada y contraportada: Laura Martínez Hernández

Fotos de portada: Carolina Wolf y Antonella López-Girard

Primera edición de *Música y Cultura Alternativa*, 2013, Ibero Puebla e ITESO.

Edición actualizada de *Música y Cultura Alternativa*, 2018, Editorial Académica Española.

Contenido

Agradecimientos

Primeramente me gustaría reconocer a mis padres, Miguel y Lucila (q.e.p.d.) por cuidarme y apoyarme en todo. A mis hermanos Iván, Ana y Paty, mi tío Rey (q.e.p.d.) y mi abuela (q.e.p.d.) por estar tan dispuestos a ayudarme en cualquier momento. A mi nueva familia, Elmar por su amor y comprensión, y a Carlita y Sarita por ser tan adorables. A mis amigos, su ejemplo y compañía han sido un gran estímulo.

A todos mis profesores de Michigan State University que con sus enseñanzas académicas y personales me hicieron crecer en muchos sentidos. Mil gracias a los miembros de mi comité de disertación: profesora Rocío Quispe-Agnoli, profesor Miguel Cabañas y profesor Adan Quan por su participación en esta empresa. Especialmente me encuentro en deuda con mi directora de disertación, la profesora María Eugenia Mudrovcic, cuya rigurosa supervisión y puntuales consejos sobre mi trabajo fueron una verdadera guía. A Michigan State University, por confiar en mí como estudiante y como asistente de enseñanza en el Departamento de Español y Portugués, al Center for Latin American and Caribean Studies y la Tinker Foundation por proveer los fondos de viaje necesarios para realizar investigación de campo y al College of Arts and Letters y The Graduate School en MSU por otorgarme el Dissertation Completion Fellowship para la conclusión de este proyecto.

A las personas que, vía electrónica o personalmente, compartieron conmigo sus experiencias y opiniones sobre el controvertido mundo del rock en México. En orden alfabético: Antonio Malacara (La Jornada), Arturo Lara (Enciclopedia del Rock Mexicano), Eric Zolov (Stony Brook University), Guillermo Briseño (Del Rock a la Palabra), Guillermo Martínez (Radio BUAP), Javier Hernández (La Jornada), Manuel Márquez (BMG), Maritza Urteaga (Escuela Nacional de Antropología e Historia), Oscar Sárquiz (IMER), Ricardo Bravo (Fonoteca Nacional) y Tere Estrada (cantautora e investigadora musical). Gracias por ser tan generosos con su tiempo y sus conocimientos.

A los lectores que amablemente revisaron partes del texto y me hicieron comentarios, correcciones, sugerencias: Alonso Fragua, Ana Martínez, Gaby Hori, Humberto Manduley, Paty Martínez y Víctor Torres; les agradezco su tiempo y dedicación.

Al departamento de Publicaciones de la IBERO Puebla que hizo posible la primera edición de este texto; especialmente a José Sánchez Carbó y Ricardo Escárcega, dictaminador y editor respectivamente. A las talentosas fotógrafas Carolina Wolf que generosamente me tomó unas fotos muy lindas y a Antonella López-Girard quien, a la distancia, me ayudó a poner en portada un pedacito de Puebla, mi ciudad adoptiva. Finalmente agradezco a Dios por poner tanta fortuna y tanto amor a mi alrededor.

Prólogo a la Historia del Rock en México

Estimado lector, lectora, primero me gustaría agradecerte por comprar este texto. Tu interés en mi trabajo les da sentido a muchas horas de lectura, escritura, revisiones y rerevisiones. Deseo de verdad que su lectura te aporte algo. Para abrir boca y a manera de prólogo a esta edición, me gustaría contarte un poco de mí y de la historia de este texto. Encuentro varias buenas razones para hacerlo. La primera es que, como observadora de la vida cultural, sé que las condiciones de recepción de cualquier bien simbólico forman parte de su significado. Nada existe en el vacío y saber de dónde viene o cómo se crea lo que consumimos nos ayuda a darle una interpretación más completa. La segunda es que también nos ayuda a ser agradecidos con la vida o Dios o el universo, al darnos cuenta de todo lo que tuvo que pasar para que algo llegara a nuestras manos. La última razón es que asumo que a nadie le cae mal un buen chismecito. A mí por lo menos me encanta conocer historias increíbles o sencillas pero que bien contadas satisfacen mi curiosidad. Dicho esto, también puedes perfectamente saltarte estas páginas e ir directo al grano.

Comienzo por explicarte que estas páginas parten de otro texto *madre*, digamos, que fue mi trabajo de titulación para que me otorgaran el grado de *Doctora en estudios culturales hispánicos* en el 2005. Aunque la cultura del rock era bastante poco estudiada en la academia por aquel entonces, me aventuré con el apoyo de mi asesora y de la universidad, por lo que les estoy muy agradecida. La escritura del texto completo me tomó aproximadamente 3 años, pero no a tiempo completo. Paralelamente daba clases de español en mi misma universidad, la estatal de Michigan, también me mudé de país, a México, y de pilón tuve a mi primera hija… ya te imaginarás el malabareo de tareas pendientes. Eventualmente terminé la tesis, la defendí, aprobé. Obviamente no lo podría creer cuando la persona encargada de recibir las actas y toda la documentación en la oficina de posgrados palomeó la larga lista de requisitos y me dijo: *OK, you're done. Congratulations!* No salí de esa oficina caminando, sino flotando.

La cosa es que la tuve en mis manos, y luego no la volví a tocar en años. Así como lo oyes. En el inter nació mi segunda hija y me volví loca con dos bebés. La maternidad me rebasó y hasta la fecha, sé que no hay tarea más demandante que ser un buen padre o una buena madre. Aunque en ese momento no tenía cabeza para otra cosa, sabía que en cuanto tuviera oportunidad quería revisar mi texto para actualizarlo y adaptarlo a un público general, es decir, quitarle lo acartonado del formato académico. Esa revisión la inicié por ahí en 2009, cuando comencé a tener algunos ratos libres. Muy de a poco, me puse a revisarlo hasta que me pareció que estaba ya muy presentable, como para ir a tocar puertas a las editoriales. Ese fue otro desmadrito…

Pues con todas las ganas de publicar mi libro me puse a enviar correos. Sobra decir que tal como lo establece la primera ley de Murphy: "Nada es tan fácil como parece". La mayoría de los destinatarios no responden. Algunos sí responden que no, gracias. Otros, como la canción, dicen que sí, solo no dicen cuándo. Y, a Dios gracias, una que otra editorial sí muestra interés y me indica los pasos a seguir para el envío de manuscritos. Recuerdo que una editorial grande que ahora mismo no recuerdo cuál, pedía 6 meses de plazo para dictaminarlo y en ese lapso, no se podía enviar el manuscrito a ninguna otra editorial. Lo hice porque la posibilidad de publicar con ellos era sumamente atractiva y porque, como ya había pasado algunos filtros, consideré que tenía buenas posibilidades de lograrlo. Pasaron los meses y no sucedió nada. De vuelta al cero.

Felizmente, el departamento editorial de la IBERO Puebla creyó en el proyecto y aceptó publicarlo. Júbilo total cuando me dieron el dictamen positivo. La portada de esa primera edición surgió de unos murales alusivos a la cultura juvenil que hay en las columnas del Puente de la Juventud; muy cerca de la IBERO Puebla, y por el que pasaba frecuentemente. Entre otros rostros se encuentra el de Xi Xoo, alter ego en turno de Rubén Albarrán con traje y sombrero blanco, que le cubre la mitad de la cara. Vuelvo a esta imagen para la portada de esta edición por ser tan cercana a mí, tanto geográfica como simbólicamente.

Esa primera edición se llamó *Música y cultura alternativa. Hacia un perfil de la cultura del rock en México de finales del siglo XX* y salió a la venta en abril de 2013. Título muy largo, lo sé, nunca supe cómo reducirlo. En fin, una vez publicado, hicimos algunas presentaciones en ferias del libro, programas de radio y personalmente también hice cierta labor de marketing en redes sociales y grupos afines a la escena del rock. Lo cual rindió grandes frutos porque durante varios meses, este libro estuvo a la cabeza en ventas de la editorial de la IBERO y del ITESO de Guadalajara, que fue coeditor.

Me adelanto al 2016, cuando se declaró oficialmente agotada la primera edición de mil copias. No es que fuera a hacerle la competencia a Gaby Vargas… je je, pero sí era un grandísimo logro para un libro que en realidad se movió básicamente en circuitos académicos y en el Tianguis del Chopo, gracias a la distribución de mi querido Javier Hernández y de su esposa Paty. Tanto los editores como yo estábamos bastante satisfechos. Desafortunadamente, también me informaron que no iban a hacer una segunda edición, pues a últimas fechas ya había bajado el nivel de ventas.

De todas maneras, yo ya tenía en mente hacer una actualización del texto. De hecho, todo ese tiempo había estado tomando nota de lo que me parecía relevante respecto a alguna hipótesis o idea que me surgía. Solo tenía que darle sentido a ese montón de papelitos con apuntes que había ido guardando expresamente para ese momento. Estaba convencida de que no sería difícil encontrar editorial para mi futura edición actualizada. Suponía que no había mejor carta de presentación que decir algo así como "…la primera edición se agotó, prácticamente sin publicidad". Nada más lejos de la realidad, pero por fortuna eso yo no lo sabía. Así que retomé la escritura con mucho ánimo y en mis ratos libres me puse de nuevo a leer, investigar, escribir, pensar, etc., etc.

La maternidad ocupaba todavía la mayor parte de mi tiempo y energía y las pocas horas que trabajaba no tenían nada que ver ni con la investigación académica ni con los estudios culturales. Hasta de la escena rockera estaba yo muy apartada. Las madres de niños pequeños sabrán que los viernes por la noche queda una más deseosa de ver televisión en paz que de salir por ahí, y sin un grupo de amigos o conocidos con gustos afines, pues ya me dirán… Mi punto es que la idea de volver a la investigación y la escritura me daba mucha ilusión.

Más o menos al año tuve listo mi libro actualizado y regresé a la dinámica de enviar correos y hacer algunas llamadas buscando casa editorial. No sé si no lo supe vender, si la industria del libro estaba muy deprimida o simplemente me rendí muy pronto, pero creo que mi índice de respuesta fue aún menor que cuando estaba intentando publicarlo la primera vez. En algún punto me di cuenta de que mi situación se parecía mucho a la de los músicos que se la pasaban tocando puertas en disqueras grandes y pequeñas con sus demos bajo el brazo, hasta que las condiciones del siglo XXI les posibilitaron mandarlas a volar y hacer ellos mismos su propia grabación y distribución. ¿Tal vez el camino no era buscar quien publicara mi libro, sino publicarlo yo misma?

Ni siquiera recuerdo cómo es que encontré la Editorial Académica Española, con quien autopubliqué la edición actualizada en el 2018, pero una vez que comencé el proceso, todo fue muy fácil. Ahhhh… obviamente era demasiado bueno para ser verdad y pronto descubrí sus bemoles. Si bien la publicación en sí es gratis y la editorial nos ayuda con algún material de promoción, los precios que ellos asignan son bastante altos, prohibitivos para mis potenciales compradores ($50.00 USD aprox.). Y como solo imprimen bajo demanda, pues no hay realmente muchas esperanzas de que el libro se mueva por las librerías, o en presentaciones, a no ser de manera virtual. Yo compré algunas copias para regalar y promocionar, pero aún con el descuento de autor no fue nada barato… Tengo el gran privilegio de no necesitar de las regalías para vivir (que a la fecha ascienden a poco más de 6 €), pero de todos modos quedé algo desilusionada de la experiencia. Por otra parte, debo decir que la editorial permite a los autores conservar el derecho de autor y no es un contrato en exclusividad, así que de alguna manera tampoco hay mucho que perder. En esencia, lo que me interesaba es que hubiera un libro en forma que se pudiera citar, compartir y eventualmente comprar.

En cuanto se publicó, lo compartí en Academia.edu. Subí tanto el texto completo como los capítulos por separado para su lectura y descarga gratuita. Este es un sitio donde se comparten ensayos académicos de todas las áreas, es de acceso libre y casi nadie lo conoce, a menos que seas investigador o nerd. Sin embargo, resulta que mucha gente buscaba el libro en Google y en los resultados aparecía mi perfil de Academia. Así que gracias a Google y a que yo compartía el link de cuando en cuando en algunos foros o grupos de fans, los interesados comenzaron a llegar. Nunca hubo presentación de libro, ni entrevistas, cero publicidad, pero en un par de años el *Capítulo 2: Historia del rock en México* ya tenía casi 3 mil vistas y todavía hoy es de los ensayos más leídos en esa plataforma en general. Aún recuerdo mi emoción cuando recibí el correo —que aún conservo— donde decía que *un tal* José Luis Paredes estaba siguiendo mi perfil.

Nunca volví a la labor académica... Personalmente yo ya estaba en otra onda, la vida y mis decisiones me llevaron por otro camino: nos habíamos cambiado de casa, yo había descubierto el mundo de la traducción, nos cayó encima el confinamiento, nos tuvimos que mudar (otra vez) de país... ¡a Alemania, esta vez! Curiosidad, duelo, adaptación. Y durante todo ese tiempo no dejaba de recibir religiosamente los correos de Academia.edu avisándome que alguien había descargado o leído tal o cual capítulo.

¡Qué ganas de haber seguido investigando, de haber ido a congresos o dirigido alguna tesis sobre el tema! La nostalgia de lo que no pudo ser aún me llega de cuando en cuando. Desafortunadamente me convertí en *one hit wonder*, como el título de uno de los libros de Joselo Rangel. Lamento haber decepcionado a Pacho y a otros que decidieron seguir mi perfil para ver qué más iba a publicar, pues ya nunca he regresado a indagar sobre el tema, salvo por interés personal.

Y así llegamos a estas páginas. Un buen día en 2024 me dice mi esposo que un compañero de trabajo había autopublicado su libro en Amazon. "¿Por qué no subes el tuyo?"... ¡Nunca lo había pensado! *Mea culpa.* Decidí que lo más práctico y viable era publicar únicamente el capítulo sobre la historia del rock en México, ya que, sin ser el foco inicial de mi investigación, este fue el que realmente despertó mayor interés.[1]

Asumo que llego tarde al punto máximo de utilidad… no importa. Aún me parece una buena idea que este texto exista en papel, que se pueda tocar, rayar y, sobre todo, leer sin necesidad de pantalla. Este ensayo es un buen punto de partida para otras investigaciones, pero, como verás, es bastante general y ya tiene sus años. Así que siéntete con la libertad de complementarlo con datos recientes, anécdotas, nuevas preguntas de investigación e incluso rebatir alguno que otro argumento… incluso tal vez comenzar a esbozar una nueva etapa pospandemia del rock en México.

Para terminar, te animo a que comentes o compartas este libro con alguien. ¿Qué tal prestarlo o regalarlo después de leerlo? Fue al comunicador Fernando Canales a quien le escuché decir que los libros deben acumular lecturas, no polvo. Me entusiasma enormemente que tengas mi trabajo en las manos. Adelante con tu lectura.

Laura Martínez Hernández

@lautranslates

Leer, Alemania

Febrero, 2025

---

[1] Si es de tu interés, el resto de mi análisis sobre el rock de fin de milenio, así como una extensa lista de recursos impresos y audiovisuales relativos al rock, sigue estando disponible en Academia.edu. Ahí también se encuentran otros ensayos, reseñas y proyectos que he publicado.

Historia del Rock en México

La evolución del rock ha ido de la mano de las cambiantes condiciones políticas, sociales y económicas en las que se encuentra inmerso. Las crisis económicas, los movimientos reivindicadores, la revolución tecnológica o la globalización afectan a todas las sociedades y, por lo tanto, a su producción cultural. El presente capítulo es un recuento diacrónico sobre la historia del rock en México en el marco de su contexto histórico. En cada etapa se describe la participación de los sectores sociales que se involucraron en su producción y consumo, sus propuestas musicales e ideológicas y su relación con las industrias culturales.

Tradicionalmente, los historiadores del género habían distinguido cuatro etapas en la evolución del rock en México: la primera de los *covers* de 1955 a mitades de los sesenta. La segunda de composiciones originales de mitades de los sesenta a 1971. La tercera, de represión y marginalización a lo largo de los setenta, y finalmente un cuarto periodo de difusión y comercialización de los ochenta en adelante. Es obvio que esta última etapa no puede comprender varias décadas donde ha habido grandes cambios tanto a nivel musical como en los modos de interacción entre músicos, público e industria. Por ello, distinguiré aquí dos etapas más en la evolución de la cultura rock: la quinta etapa de indigenización[2] de los noventa al 2007 y una sexta etapa a partir del 2007. Es importante tener en cuenta que se trata de cambios paulatinos y que estas distinciones cronológicas se esbozan a manera de guía sobre las tendencias dominantes.

---

[2] Uso el término 'indigenización' en el sentido de adaptación a la cultura local, no como asimilación a alguna de las culturas originarias americanas.

Primera etapa. *Rock and roll* mimético

De 1958 a la década de los sesenta

"Yo no soy un rebelde,

ni tampoco un desenfrenado"

Los Locos del Ritmo

Después de la Segunda Guerra Mundial, México intenta entrar en la modernidad del mundo occidental y en 1945 se hace presente al ingresar a la ONU y organizaciones filiales. Al mismo tiempo, impulsa una rápida industrialización que le permitirá competir en los mercados internacionales. Gracias a esta incipiente industria y a las ganancias que proporcionaba el petróleo recién nacionalizado, la economía mexicana creció de manera lenta pero sostenida durante la década de los cincuenta. La historiadora Alicia Hernández Chávez registra en su libro *México. Breve historia contemporánea* que de 1940 a 1970 es "el mejor periodo que se recuerde de la historia económica de México" (431). Conocido como el 'Milagro Mexicano', este auge económico iba acompañado de una estabilidad política, pero sin pluralidad, ya que los gobiernos federales y estatales, así como la mayoría de las diputaciones y senadurías estaban a cargo de un solo partido: el PRI.

Durante este periodo, la educación (especialmente la capacitación para el trabajo urbano) y la cultura recibieron especial atención, en parte por el espíritu liberal de los gobiernos posrevolucionarios, y en parte por ser un requerimiento para el crecimiento de la industria. Este periodo de relativo esplendor económico y cultural favoreció el crecimiento de una clase media urbana educada que comenzaba a involucrarse tanto en las artes como en la política (Hernández Chávez). Ideológicamente, la filiación marxista continuó creciendo entre intelectuales y estudiantes, y en los cincuenta el existencialismo entró a los círculos universitarios y posteriormente a las lecturas de algunos jóvenes urbanos de clase media que se identificaban con esa actitud desencantada ante la vida (Agustín, *Contracultura* 20).

En este contexto llegó el *rock and roll* a México a mediados de los años cincuenta, vía Bill Haley y Elvis Presley. La nueva moda musical fue bien recibida por las clases medias y altas que la adoptaron como rasgo de cosmopolitismo, frente al gusto popular por lo folklórico. También se convirtió en un signo de estatus económico y social, ya que no todos podían acceder a la compra de discos, tocadiscos importados, ni comprender las letras de las canciones que se encontraban en inglés. Curiosamente en México se dio el proceso inverso al de Estados Unidos, donde comenzó por ser parte de la cultura de las clases proletarias y paulatinamente fue incorporado al gusto de los sectores medios y altos.

Sin embargo, el rock pronto comienza a tener mala reputación. Películas como *Rebelde sin Causa* (1955), *Semilla de Maldad* (1955) y producciones nacionales *Juventud Desenfrenada* (1956) y *La Locura del Rock'n'roll* (1957) asociaban al rock con una vida disipada.[3] Se comenzó así a gestar una mitología de juventud rebelde que amenazaba con desafiar, no solo el orden político o económico, sino también la rígida estructura de la sociedad patriarcal mexicana, al abrir una puerta a la expresión de los deseos sexuales y las inconformidades de hombres y mujeres jóvenes con el mundo adulto (Zolov). Esta posibilidad era sin duda alarmante para la hegemonía mexicana de entonces, ya que paralelamente comenzaban las primeras manifestaciones organizadas de disidencia en la sociedad civil.

¿Cómo fue entonces que el *rock and roll* llegó a ser tan popular? Si bien se le culpaba de propiciar la pérdida de las *buenas costumbres* y era prohibido por algunos padres de familia, también resultó ser un magnífico negocio. Al igual que en Estados Unidos, los medios de comunicación masiva de la época comercializaron una versión adecentada de esta música que neutralizaba su potencial disruptivo al tiempo que contribuía a expandir su mercado. El *rock and roll* fue entonces incorporado al repertorio de orquestas y cantantes tan plenamente aceptados como ajenos a cualquier filiación rocanrolera. Un buen ejemplo

---

[3] Durante la siguiente década podemos citar también *La Edad de la Violencia* (1964) y *Juventud sin Ley* (1965).

es la película *Los Chiflados del Rock'n'roll* (1957) protagonizada por Agustín Lara, Pedro Vargas, Luis Aguilar y Rosita Arenas. Federico Arana afirma que si bien la primera grabación de *rock and roll* en México se realizó en 1956, él se resiste a llamar 'pioneros del rock' a los intérpretes de aquella época porque, según sus palabras, "detestaron al roc (sic) más que a la sarna" (131).[4] Por ello es que Julia Palacios no data el inicio del *rock and roll* en México sino hasta finales de la década:

> En realidad, hacia 1958 estaba naciendo formalmente el rock & roll en México. Desde mi punto de vista, la "formalidad" implica la aparición de grupos juveniles locales, con un rock & roll interpretado por y para los jóvenes [...] Las primeras grabaciones de grupos rocanroleros mexicanos se realizaron en 1959, pero fue hasta 1960 cuando salieron con toda fuerza al mercado y a la difusión radiofónica. En este sentido, 1960 fue el año de la popularización masiva y el "inicio oficial" del rock & roll en México. ("Yo no soy un rebelde", 26-30)

Entre los grupos y cantantes que destacaron estaban: Los Locos del Ritmo, Los Teen Tops, Los Black Jeans, Los Rebeldes del Rock, Los Hermanos Carrión, Angélica María y Julissa, con los posteriores solistas que se desprendieron de los grupos: Enrique Guzmán, César Costa, Manolo Muñoz o Alberto Vázquez. Estos fueron principalmente impulsados por la industria del entretenimiento: Telesistemas – que posteriormente sería Televisa – y discográficas internacionales como Musart, RCA, Peerless y Orfeón.

La producción de este periodo es comúnmente descalificada entre los círculos rockeros posteriores debido a su dependencia de las industrias culturales que, además de controlar las letras, "[a los cantantes] les supervisó el vestuario, les impuso coreografías y en general les diseñó una imagen anodina de nenes decentes" (Agustín, *Contracultura* 40). Las abundantes películas musicales del género abordaron el tema desde una perspectiva moralista, representando de manera estereotipada a los chicos buenos vs. los malos o

---

[4] Notemos desde ahora cómo los criterios de legitimidad están más ligados a aspectos socio-culturales que puramente musicales.

rebeldes, penalizando siempre a estos últimos. Como podemos observar en las portadas de las figuras 1 y 2, los protagonistas de este periodo eran jóvenes rubios, bien peinados y bien vestidos que además aseguraban no tener intenciones revolucionarias, sino más bien hedonistas:

> Yo no soy un rebelde
>
> Ni tampoco un desenfrenado
>
> Yo lo único que quiero
>
> Es que me dejen vacilar
>
> Sin ton ni son   ("Yo no soy rebelde" 1-5)

Figura 1. César Costa. Con uno de sus característicos suéteres
en la portada de su disco *Canta*. Orfeón, 1961.

Fuente: https://melomanoincurable.wordpress.com/2016/07/25/1334/cesar-costa-copia/

Figura 2. Los Teen Tops. Portada de su álbum homónimo. Columbia, 1960.

Fuente: https://losteentops.wordpress.com/page/1/

Otro aspecto que desacredita al *rock and roll* de este periodo es que lírica y musicalmente predominaron las traducciones –*covers, refritos* o *fusiles*– de las canciones más populares en inglés.[5] Sin embargo, no son pocos los defensores de este primer modo de hacer rock (Kun, Palacios, Rubli, entre otros). Josh Kun opina que no es posible descalificar la producción de este periodo con argumentos de originalidad olvidando que los modelos *"were themselves copies of African/American jump, blues and southern 'hillbilly' music"* [los modelos mismos eran copias del *jump* afroamericano, el blues y la música de los campesinos del sur. *Traducción mía.*] ("Rock's Reconquista" 270). Incluso en inglés, era común escuchar varias versiones de una misma canción.[6] Efectivamente, lo

---

[5] Manuel Martínez documenta en su portal la cifra de 2,671 versiones copiadas en el periodo que va de 1960 a 1965 (link 3).

[6] De acuerdo a whosampled.com, portal colaborativo que documenta *covers, remixes y sampleos,* existen 152 *covers* hechos por Elvis Presley y 552 *covers* hechos a Elvis por otros cantantes.

común es que un movimiento musical que viene directamente de otro, empiece haciendo copias. Al inicio son muy parecidas, luego se introducen pequeños cambios y poco a poco, estos ajustes son parte de la evolución hasta crear algo nuevo, distinto del original.

Federico Rubli cita a César Costa quien afirma: "Yo no diría que eran copias, eran adaptaciones, tomábamos el modelo original, lo mejorábamos y lo adaptábamos a nuestro gusto" ("La magia del *cover*" 32). Así, estas adaptaciones, no solo lingüísticas sino también culturales, ya pueden verse como una manera de apropiación cultural. Las narraciones y formas de bailar que fueron puestas en circulación significaron —si bien de manera incipiente y controlada— un intento por indigenizar la cultura internacional y crear modos de recreación juveniles específicos a su tiempo y espacio.

En esta primera etapa, el *rock and roll* se comercializó como un producto para el entretenimiento de las clases medias y altas y su característica de 'rebelde' pasó a ser una etiqueta usada para su explotación comercial.[7] Los grupos que propusieron un rock contestatario fueron marginados y los que eran difundidos:

> [...] expresaron como suyos los valores adultos hegemónicos: <relajo>
> juvenil/ serenidad adulta futura (noviecitas santas y matrimonio) y sus
> integrantes no se atrevieron a romper con los patrones musicales que las
> industrias masmediáticas les imponían. . . (Maritza Urteaga "Jipitecas" 40)

A pesar de este discurso conservador, Urteaga observa que las prácticas culturales asociadas al gusto por el *rock and roll*: vestido, peinado y baile, "resultaron altamente ofensivas" para la moral de la época ("Jipitecas" 40). Por muy inocuo que parezca todo ello ahora, las prácticas y las letras de este periodo se consideraron atrevidas en su momento. Oscar Sárquiz recuerda que Jesús González, autor de la canción "Yo no soy rebelde" citada arriba, le comentó que cuando su papá escuchó la canción por primera vez le retiró el habla por varios días (comunicación personal). En la misma línea, Eric Zolov coincide en señalar que *"if sanitized by the media presentation of the groups themselves, [their songs]*

---

[7] Lo mismo había sucedido en Estados Unidos, Carlos Polimeni comenta que "del Elvis Presley subversivo de 1955 al Elvis con ropa de fajina haciendo películas triunfalistas para el ejército, pasan solo tres años." (*Latinoamericano* 3).

undoubtedly created important 'slippages' that were exploited by young consumers [si bien los las canciones fueron saneadas debido a la presentación mediática de los grupos, estas sin duda contenían importantes deslices que fueron explotados por los consumidores jóvenes. *Traducción mía.*]" (81). No obstante el carácter dependiente y *ligero* del rock and roll de esta primera etapa, este abrió la posibilidad de que existiera una cultura juvenil diferenciada de la de los adultos y les proporcionó una 'actitud juvenil de vida' ausente en otros géneros musicales de moda.

Observemos pues que el México de mitad del siglo XX se caracterizó por una apertura a la modernidad occidental, pero de manera contradictoria. Económicamente se intentaba la internacionalización de los mercados y la atracción de capital a la vez que se practicaba un proteccionismo comercial. Ideológicamente, este México se identificaba con la democracia, pero desde un unipartidismo que cancelaba la verdadera participación ciudadana. En retrospectiva, podemos pensar en esta primera etapa del *rock and roll* en México como un reflejo de lo paradójico de la época. Si bien se le aceptaba e incluso promovía como parte de la cultura internacional cosmopolita, se produjo una versión saneada que poco desafiaba la estructura patriarcal familiar. Por su parte, la audiencia juvenil urbana a la que iba dirigido lo usó —en la medida de sus posibilidades, gustos e intereses— para comenzar a crear una cultura que los representara.

Segunda etapa. Rock contracultural

De la segunda mitad de los sesenta a 1971

"I Got my Motion"
o "Estoy en Onda"
Los Dug Dug's

Hacia fines de la década de los sesenta la economía mexicana sostenía su ritmo de crecimiento. Los gobiernos de Ruiz Cortines (1952-1958) a Díaz Ordaz (1964-1970) continuaron impulsando la industrialización del país, el proteccionismo económico y una mayor participación en los mercados internacionales. Desafortunadamente, la mayoría de la población terminó beneficiándose poco debido a la desigual distribución del ingreso, así como a la continua exclusión de campesinos e indígenas de los progresos tecnológicos y sociales que se daban mayormente en las ciudades (Hernández Chávez).

El clima político y social era en apariencia estable, sin embargo, la sociedad ya no era indiferente ante la prolongación de un régimen antidemocrático, la desigualdad de clases y la agitada situación internacional —guerra de Vietnam, guerra fría y movimientos estudiantiles—. Entre 1968 y 1971, diversos grupos de estudiantes y trabajadores se lanzaron a las calles para exigir al gobierno mayor democracia y participación. Por primera vez los jóvenes se asumieron como agentes activos en la política nacional. El gobierno respondió con indiferencia en el mejor de los casos y con extrema violencia en otros.

Como "epílogo de la fiesta desarrollista", como Carlos Monsiváis llama a ese periodo, la tarde del dos de octubre de 1968 tuvo lugar la masacre de estudiantes en la Plaza de las Tres Culturas de Tlatelolco. De acuerdo a las cifras publicadas por el portal Red Escolar SEP-ILCE, fuerzas públicas que hasta ahora permanecen no identificadas, dispararon indiscriminadamente sobre aproximadamente 3 mil personas que se habían reunido ahí para efectuar un mitin del Consejo Nacional de Huelga. Con el argumento de dispersar a los huelguistas se masacró entre 300 y 500 manifestantes, se hirieron a otros cientos y se arrestaron a 2 mil personas aproximadamente. Poco tiempo después, el 10 de junio de 1971, el gobierno repitió el operativo dejando claro su poca voluntad para negociar sus decisiones. La violenta represión de estos movimientos estudiantiles acrecentó la desconfianza hacia el gobierno y abrió una brecha entre adultos y jóvenes, quienes, ya sea a través del activismo social o la resistencia cultural, cuestionaron la política y los valores familiares tradicionales.

Durante estos años de agitación política, la escena musical se encontraba dominada por boleros y *covers* de Paul Anka y Elvis Presley. Al mismo tiempo, había euforia por las olimpiadas que en 1968 –a unos meses de la matanza de Tlatelolco– se celebrarían en México. Entre los sectores urbanos más politizados de esta generación se escuchaba un rock más progresista: Rolling Stones, The Doors o Bob Dylan. Su música era menos bailable y más influida por el existencialismo, la guerra de Vietnam y la literatura Beat. En Estados Unidos, esta música fue acompañada por el hipismo, un estilo de vida que rechazaba los valores de la sociedad hegemónica y vivía aislada de esta. En México, este tipo de rock fue consumido –principal pero no exclusivamente– por jóvenes urbanos de clase media y media baja que se agruparon en dos movimientos contraculturales: el jipismo y la onda.[8]

Maritza Urteaga identifica seis "núcleos problemáticos" o expresiones culturales mediante los cuales la cultura de la onda expresó su rechazo a la sociedad tradicional: lenguaje, uso de drogas (marihuana y hongos), ejercicio de la sexualidad, 'facha' o apariencia, 'rol' o viaje (interno o externo) y el rock ondero ("Jipitecas" 43-4). Otra práctica, nueva hasta entonces y de carácter muy subversivo fue el *drop out* o abandono de sus familias, escuelas o trabajos para recluirse en comunidades aisladas; se trataba de "un compromiso de no-colaboración con el 'sistema'. . . [un empeñarse] en vivir los contravalores de su familia" (Marroquín 39-41).

---

[8] Se suele equiparar *jipismo* con *onda*, pero de acuerdo a José Agustín, *La Onda* era un movimiento mucho más amplio que agrupó distintas manifestaciones culturales –literatura, periodismo y música principalmente– que expresaban su resentimiento contra el país y la sociedad que los había limitado tanto en los últimos años (*Contracultura* 83). A pesar de ser movimientos afines y contemporáneos, era posible ser jipi sin ser ondero –de corte más intelectual– y viceversa. En ambos casos, más que un gusto musical se trataba de una actitud ante la vida.

La música rock fue el punto de convergencia de estos dos movimientos contraculturales de fines de los sesenta.[9] A diferencia del *rock and roll*, que seguía circulando; paralelamente la *Onda Chicana,* como se le llamó al movimiento musical de esta etapa, intentaba alejarse de las copias del rock extranjero y producir una música que fusionara influencias locales e internacionales, con letras que expresaran las vivencias de los jóvenes y su opinión sobre asuntos sociales o políticos.[10] Javier Bátiz, Three Souls in my Mind, Peace and Love, Love Army, el Ritual, los Dug Dugs y el mismo Carlos Santana –desde Tijuana y Los Ángeles– pueden citarse entre los más sobresalientes de este periodo. Su apariencia era ya un desafío, como observamos en la portada del disco de Javier Bátiz (figura 3), este llevaba el cabello largo y desarreglado. En esta imagen Bátiz aparece en una actitud despreocupada, 'en su onda' y es claro que no le importan los 'buenos modales' pues sube los pies a la mesa e ignora a la chica que está junto a él.

---

[9] Es necesario acotar que, en los círculos de izquierda de los sesenta, la preferencia por el rock no era unánime. Por ejemplo, durante el movimiento estudiantil del '68, las canciones de protesta con las que se identificaban los estudiantes fueron la trova latinoamericana, las canciones de la guerra civil española y en menor grado el son cubano. (Agustín, *Contracultura*)

[10] Para un estudio detallado de la contracultura mexicana entre los años sesenta y setenta, refiero al lector a las investigaciones de Erick Zolov referidas en la Bibliografía Citada.

Figura 3. Portada de *Javier Bátiz y su Onda*. Dimsa, 1972.

Fuente: https://recordando.mforos.com/1596706/10898573-javier-batiz/

Hay que destacar que esta generación de músicos eligió al inglés como medio de expresión en vez del español. Erick Zolov piensa que las letras en inglés en realidad importaban poco, pues lo valioso era el vínculo musical que se establecía entre los jóvenes y que los identificaba con ciertos valores (178). Otra posible lectura es entenderlo como un modo de diferenciar su música de los *covers* de *rock and roll* producidos por las industrias culturales fuertemente asociados a valores y a una estética conservadora. Además, rechazar el uso del español como medio de comunicación los distanciaba de la noción de una cultura popular ultranacionalista que proponía el Estado. Una ventaja importante que traía la interpretación en inglés era evitar la censura. Víctor Roura documenta el caso de la canción "Caminata Cerebral" de Love Army, cantada en español, cuya letra atacaba a la iglesia y a los sindicatos y que después de Avándaro fue prohibida. El grupo tuvo que regrabarla en inglés para que se volviera a tocar en la radio. A pesar de esta disparidad lingüística entre el idioma de su música y el hablado por su público, la Onda Chicana tenía gran audiencia y la cultura del rock se fortalecía en la cultura juvenil de la clase media y media baja, de la Ciudad de México, así como en las ciudades fronterizas.

Pese a su carácter crítico, la Onda Chicana no fue bien recibida en los círculos académicos e intelectuales del país. El origen norteamericano e inglés del rock y de casi toda la parafernalia relativa a este, le valió el rechazo de la izquierda mexicana de aquel entonces. Esta lo interpretó como una manifestación cultural antinacional y colonizadora, una muestra más de imperialismo cultural norteamericano. Otro argumento en contra del rock era que se oponía al gusto por la música nacional como el bolero, las rancheras, así como por el son y la trova. Incluso Carlos Monsiváis calificó entonces al movimiento ondero como "antinacionalista, imitativo y apolítico" (*Amor* 234). Lectura viable en el contexto de los movimientos estudiantiles de los sesenta, quienes no se identificaban con esta música, pero que no daba cuenta de las apropiaciones y complejidades del fenómeno.[11]

Desde otra perspectiva, Enrique Marroquín nota que, si bien el rock se originó en los Estados Unidos, este no proviene de los sectores dominantes y en esencia es producto de un movimiento social antiimperialista:

> Los hippies [norteamericanos] pusieron en crisis los valores de la propia
>
> cultura occidental... En una búsqueda "descolonizadora" van a redescubrir
>
> el modo de vivir de los negros y de los indios americanos... Nuestros
>
> xipitecas,[12] desertores de la burguesía, pudieron denunciar a sus familias la
>
> forma de vida de una gran mayoría de mexicanos a quienes ellos
>
> explotaban. (29)

---

[11] Conviene aclarar que Carlos Monsiváis modificó su posición sobre la literatura de la onda y el rock en general. En "Notas sobre la Cultura Mexicana del Siglo XX" reconoce que esta literatura fue producto de una actitud libertaria y renovadora, cuya rebeldía fue neutralizada por la 'feroz comercialización" (1044-5). Respecto a la música rock, Monsiváis notó el potencial de este como medio de expresión de las clases bajas, así como su voluntad de participación en la democratización del país (ver su introducción al libro *Rock mexicano* de Paredes Pacho y las declaraciones hechas a Erick Zolov incluidas en las conclusiones de *Rebeldes con causa*)

[12] Fue Marroquín quien acuñó el término xipiteca/ jipiteca (hippie + azteca o tolteca) para referirse a los hippies mexicanos.

La producción literaria de la Onda ocupó un lugar marginal y tardío en el canon nacional. José Agustín, Gustavo Sainz y García Saldaña, no eran considerados entre los intelectuales 'legítimos' como Carlos Fuentes, Octavio Paz, o Juan Rulfo. En el prólogo de *Onda y Escritura*, Margo Glanz argumenta que su rebelión es efímera y visceral, ya que es articulada en un lenguaje sectario que no puede analizar la realidad sino confundirse con ella. Obviamente José Agustín rechaza esta interpretación y argumenta que el término *literatura de la onda* "era erróneo, ya que esta narrativa no era una representante de la onda, sino un fenómeno literario y contracultural que abarcaba niveles mucho más complejos" (*Tragicomedia vol. 2* 35).

Podemos leer este periodo en la evolución del rock como la gestación ideológica y cultural de un movimiento subterráneo que contestaba la cultura oficial de carácter triunfalista y represivo de entonces. La Onda Chicana avanza en el discurso introducido por los rocanroleros de la década anterior y lo convierte en una forma de contestación cotidiana. Si bien se aleja del activismo político presente en otros movimientos contestatarios de su época, esta no resulta apolítica del todo. Su abstracción de la vida económica y política del país expresa la desaprobación de esta y pone en crisis las instituciones y forma de vida existentes. Su discurso crítico se dirige principalmente a las instituciones sociales como la familia, el estado y la iglesia. Como veremos en el siguiente apartado, el estado trataría de limitar su potencial desestabilizador y las industrias culturales de minimizar su poder de convocatoria.

Tercera etapa. Rock clandestino

De 1971 a principios de los ochenta

"Y las tocadas de rock,

ya nos las quieren quitar"

Three Souls in my Mind

El fin de semana del 11 y 12 de septiembre de 1971 se celebró el festival de "Rock y Ruedas" en Avándaro, una comunidad pequeña a dos horas de la Ciudad de México. Avándaro se vivió como una réplica de Woodstock y, como en este, hubo drogas, alcohol y rock. En Avándaro se presentaron 11 grupos de rock: Los Dug Dug's, Epílogo, Tequila, El Amor, Tinta Blanca, Los Yaqui, El Ritual, Peace and Love, División del Norte, Bandido y Three Souls in my Mind; casi todos se quejaron de las condiciones y del pago que en aquel momento aceptaron como simbólico ($3 mil pesos por grupo). El evento fue organizado por empresarios de Televisa, de la radio y de Pepsi Cola y contó con la autorización del gobierno del Estado de México. [13]

De acuerdo con Armando Molina, músico de rock y coordinador de los grupos, el concierto se planeó inicialmente como parte de una 'noche mexicana' que precediera a una carrera de autos a realizarse el domingo, que finalmente se canceló. "Mi idea era que: si cuatro grupos jalaban cinco mil gentes o seis mil, . . . con diez a lo mejor llevábamos veinte mil gentes y ya se hace un buen reventón" (cdo. en Arana 277), comenta Molina. Cálculo evidentemente erróneo, ya que, aunque el recuerdo de las violentas represiones a las manifestaciones estudiantiles en octubre de 1968 y junio de 1971 era muy reciente, el

---

[13] Para un panorama del Festival de Avándaro se puede consultar la página: *Despúes de Avándaro: El Hoyo Negro del Rock Mexicano*, que cuenta con abundantes imágenes, anécdotas y datos históricos: ‹htpp://www.maph49.galeon.com/avandaro/avandaroa.html›

festival de Avándaro contó con una audiencia inesperada: se reportan desde 120 mil hasta 350 mil personas. Pablo Gaytán afirma que el evento se salió de toda proporción debido a un etnocentrismo de clase que les impidió a los organizadores ver la gran convocatoria que tenía el rock en los suburbios pobres de la capital. Gaitán señala que Avándaro se pensó desde la clase media y para la clase media, pero la información llegó a todas las colonias y "los 'nacos' que no habían sido invitados", terminaron protagonizando el concierto, dando "un inconsciente portazo a la historia cultural urbana" (44).

Avándaro se recuerda por la mítica 'encuerada de Avándaro', una chica que se desnudó al bailar y que apareció en revistas y tabloides. Por el grito de Three Souls in my Mind de "Chinge a su madre el que no cante" que se transmitió por Radio Juventud y por el cual la estación decidió suspender la transmisión del concierto en vivo. Y por ser una especie de Woodstock mexicano con la presencia de banderas a las que se les había sustituido el escudo nacional por el símbolo de amor y paz. Pero especialmente, Avándaro se recuerda por ser un evento bisagra a partir del cual se inició una campaña deslegitimadora y prohibitiva del rock en México. Maritza Urtega, explica que:

> No obstante que ni durante ni después del festival hubo represión policíaca alguna, después de este, el rock mexicano fue prohibido de presentarse en vivo, y de pasarse por la radio, las disqueras vetaron su grabación . . . Simultáneamente, los medios de comunicación iniciaron la construcción de la asociación droga/rock, y la de roqueros/viciosos/vagos, en el imaginario de los mexicanos. ("Jipitecas" 49).

En la prensa nacional, el concierto el concierto se narró como un espectáculo de decadencia moral y un evento antinacional. Federico Arana reproduce la opinión de algunos medios: "Encueramiento, mariguaniza, degenere sexual, muge, pelo, sangre y muerte", "Las pocas damas que fueron a Avándaro se comportaron como vulgares mujeres de la calle", reportó el tabloide *Alarma*. El diario *Ovaciones* informó que hubo "5 muertos, 500 lesionados y 1,500 intoxicados. Drogas, sangre y sexo en el festival de rock". La revista *Siempre* publicó la carta de un lector quien opinaba que "[el gobierno] debía dar a cada muchacho que llega al salón de clases su dosis de LSD y su cigarro de marihuana. Porque a eso vamos a llegar con esta alcahuetería oficial que solo contribuye a formar una juventud de rebelditos tarados" (289). Estos comentarios provenían de una sociedad que veía amenazado el orden patriarcal tradicional y la rígida estructura de clases. No solo se habían violado las formas establecidas de ocio y recreación en público, sino que los actores de estas transgresiones habían sido jóvenes, hombres y mujeres de clase media y media baja, sujetos con una doble o triple condición subalterna.

También tuvieron lugar algunas teorías conspiracionistas que sospecharon que Avándaro fue un evento más bien planeado, o que dejaron suceder, a fin de justificar la futura represión del rock y de cualquier expresión disidente que agrupara masivamente a los jóvenes. En retrospectiva, Marroquín conjetura que:

> Después de Avándaro la represión. El aquelarre de la prensa. Crónicas morbosas sensacionalistas; quejas de la blandura del gobierno al permitir este Sodoma y Gomorra. Luego las represalias... Ahora se comprende: amplia promoción del festival, escándalo por consigna y luego la represión. (51)

Lo que sí podemos afirmar es que a partir de Avándaro se inicia una campaña antirock que, aunada a la represión de los movimientos juveniles internacionales, propició la criminalización de toda expresión que se considerara subversiva. Como consecuencia de la estigmatización moral ("el rock es para degenerados") y clasista ("es para nacos") de la que se había vuelto objeto el rock mexicano, así como por temor a posibles arrestos o acoso policial; los jóvenes de clase media se alejaron de este durante el resto de la década de los setenta.[14] Estos continuaron consumiendo una versión adecentada de baladas, *rock and roll* en español y éxitos del rock internacional.

En contraste, la escena del rock inglés y norteamericano florecía musical y económicamente, con el surgimiento de nuevos géneros y su masificación a través de circuitos de conciertos, disqueras y estaciones de radio. El gusto por el rock en inglés se convirtió también en un rasgo que distinguía a los rockeros de clase media de los rockeros proletarios, dado el problemático acceso a este, cuya circulación se realizaba a través de

---

[14] Marroquín observa que, en el caso del movimiento jipi, su fracaso no se debió únicamente a la represión gubernamental. Entre otros factores, él identifica su adicción a la droga, la falta de madurez personal de sus integrantes y la falta de un programa ideológico práctico.

redes personales de intercambio de discos, revistas e información (Urteaga, *Territorios* 112).

El rock nacional se convirtió entonces en la cultura musical de los sectores juveniles urbanos marginales. Las presentaciones en vivo o tocadas se confinaron a la clandestinidad de los llamados *hoyos fonquis,* que eran bodegas, establos, cines, o fábricas semiconvertidas a escenarios por el fin de semana. Arana los describe como "lugares terribles, insalubres, sórdidos, ultrajantes, hediondos, amenazadores y peligrosos" (303). Los asistentes a los hoyos eran jóvenes lumpen proletarios que escasamente podían reunir los pocos pesos que costaba entrar y que -sin dinero para alcohol ni marihuana- se drogaban con cemento o *thinner*. Estos hoyos eran la expresión física de la exclusión del rock de la cultura, ya no digamos hegemónica, sino incluso de la popular. Al encontrar cerradas las vías legales de expresión, músicos y público de rock se apropiaban de espacios que estaban destinados a otros fines. La música que se tocaba en los hoyos era *hard* y *punk*, *covers* de los Doors, Jimi Hendrix, y Rolling Stones, así como algunas composiciones originales en inglés y español con letras que hablaban sobre la vida cotidiana en el barrio, la represión policial y las dificultades para sobrevivir en la ciudad. En "Abuso de Autoridad" de 1976, Three Souls in my Mind habla sobre la falta de libertad:

> Vivir en México es lo peor,
>
> nuestro gobierno está muy mal,
>
> y nadie puede protestar
>
> porque lo llevan a encerrar.   (1-4).

Esta represión cultural refrendó en el ámbito simbólico la represión física que ya se había llevado a cabo en 1968 y 1971. El festival de Avándaro inauguró así un periodo de marginación para el rock y se convirtió en recuerdo nostálgico, evento trágico y en "mito fundador del rock mexicano como cultura transgresora/subversiva" (Urteaga "Jipitecas" 48). Como cultura subterránea, solo podía existir en los márgenes, tanto territoriales –pues estos espacios se localizaban en los barrios periféricos de las grandes ciudades–, como políticos y económicos. El rock mexicano se desarrolló entonces fuera de los circuitos comerciales de producción, distribución y consumo de música. La información sobre las tocadas se pintaba en los muros o se ponía en carteles pegados a estos,[15] su producción fue mínima y se hacía a nivel casi casero: demos, fanzines, grafiti. Tere Estrada documenta que "de 1973 a 1980 apenas se sacaron diez o doce discos de rock mexicano" (*Lenguaje* 27). Las industrias culturales no se interesaban por grabarlo o transmitirlo y la precaria condición económica de su público les impedía comprar y a su vez estimular, la poca producción de este. En una ley no escrita, la música de rock estaba vetada y la represión policial era habitual.

Este declive no era exclusivo de los movimientos contraculturales, por el contrario, iba de la mano con un conflictivo panorama nacional e internacional. En Latinoamérica proliferaron regímenes dictatoriales y para México, en contraste con las dos décadas anteriores, los setenta fueron tiempos de altibajos económicos. Durante los gobiernos de Luis Echeverría (1970-1976) y de José López Portillo (1976-1982) se vivieron dos grandes crisis: una en 1976 y la otra en 1982. Estas se caracterizaron por fuertes devaluaciones del peso, fuga de capitales, desempleo, inflación sin control y gran reducción del gasto público, lo que afectó a casi toda la economía dada la fuerte presencia del estado en los sectores clave. La inconformidad y las carencias crecían, pero existían pocos canales para que la sociedad civil pudiera manifestarse. Políticamente el PRI seguía controlando el gobierno federal, todos los estatales y era mayoría en ambas cámaras. El PAN era la única oposición consistente, mientras la izquierda mexicana se agrupaba alternadamente alrededor de pequeños partidos que debían realizar alianzas entre sí para mantener sus registros. El sindicalismo también era una opción coaptada dada la corrupción y complicidad de sus líderes. José Agustín describe agudamente el estado de ánimo que prevalecía hacia finales de los setenta:

---

[15] Es interesante notar que la inscripción del espacio público como medio de comunicación abierta ha sido utilizada desde la colonia para expresar mensajes subversivos que no podrían ser expresados por otra vía.

Ya no se creía tanto en las iglesias, ni en el gobierno, mucho menos en la policía, pero tampoco en los comerciantes, los industriales o los financieros, ni en las leyes ni en el ejército, ni en muchas viejas costumbres. El sistema seguía derrumbándose y la explotación seguía cada vez más cínica al igual que el espíritu de lucro desmedido y las formas represivas. (*Tragicomedia Vol. 2* 224)

En la Ciudad de México surgieron movimientos sociales radicales y pesimistas, jóvenes de los sectores más pobres comenzaron a reunirse en pandillas o bandas. Muchos de estos 'chavos banda' eran *punks* que ostentaban la violencia en sus enfrentamientos con otras bandas y en general contra la sociedad burguesa. Los *punks* se oponían a sus ancestros jipitecas en la marcada violencia y desesperanza del mundo. Si los hippies tenían la propuesta utópica del amor y paz, para los *punks* su utopía era la rebelión anarquista. Posiblemente más que en otros momentos, el rock se convirtió en un bien simbólico formador de comunidad. Músicos y público compartían las mismas condiciones de vida marginales, los mismos códigos de agregación y consumo cultural. Las comunidades *punk* se caracterizaron por ser agrupaciones muy cerradas que manifestaban su rechazo a lo establecido a través de la agresión física y simbólica como lo denota su atuendo a base de cadenas, estoperoles, símbolos de la muerte y el color negro (figura 4). Su sede simbólica era Ciudad Netzahualcóyotl, Ciudad Neza o Neza York, un municipio conurbano al área metropolitana de la Ciudad de México.

Fuente: http://www.changosconnavajas.com/inspiracion/el-punk-mexicano/

Este fenómeno se reprodujo rápidamente en otras ciudades del país, pero principalmente en las fronterizas. José Manuel Valenzuela opina que aún cuando los *punks* en México no reprodujeron la violencia de los ingleses, estos desarrollaron una contracultura visceral —no sin ciertas contradicciones— que denotaba angustia y coraje (*¡A la Brava Ése!* 174-193). La música de la cultura *punk* era naturalmente el *rock punk* surgido en el subterráneo inglés con grupos como Sex Pistols, The Damned o Los Ramones. José Agustín lo describe como "un rock desnudo, básico, rápido, violento y agresivo, sin adornos, sin solos, tan pelón que el Creedence Clearwater parecía sinfónico" (*Contracultura* 101). Este sonido estridente y caótico reflejaba bien el espíritu del movimiento y el ánimo de sus seguidores. Durante este periodo pocos son los grupos que surgen o los onderos que se atreven a seguir tocando a pesar de la censura, la ausencia de un mercado y las condiciones ofrecidas por los hoyos. Hacia finales de los setenta, los más persistentes eran los Three

Souls in my Mind, Paco Grueso, Náhuatl, Los Dug Dugs, Javier Bátiz, Enigma y Naftalina (figura 5).

Figura 5. Three Souls in my Mind, en los setenta.

Fuente: http://nofm-radio.com/2014/09/especial-three-souls-in-my-mind-sabado-2-pm/

Como hemos visto, esta etapa del rock en México se distingue por el desplazamiento de su estatus social, valor simbólico y desarrollo económico. Las condiciones de marginalidad a las que se vio confinado determinaron sus modos de producción y consumo subterráneos. Esta fase de depresión es consecuente con el declive económico y la intolerancia política que prevaleció en su tiempo. Nuevamente observamos la relación directa entre represión y grado de radicalización de los movimientos sociales.

Cuarta etapa. Rock en español

De los ochenta a principios de los noventa

"Gran circo es esta cuidad"

La Maldita Vecindad y

los Hijos del Quinto Patio

Hacia fines de los setenta, algunos teatros del IMSS, foros universitarios y museos comenzaron a alternar funciones de jazz y blues con eventos de rock. En 1980, el Museo Universitario del Chopo (perteneciente a la UNAM) organizó el primer concurso de composición de rock original. Progresivamente se abrieron más espacios, disminuyó la censura y hacia fines de los ochenta ya se hablaba del *boom* del rock en español. A pesar de desarrollarse en un entorno socioeconómico intensamente conflictivo, este periodo se caracterizó por la desmarginalización del rock local, su reintroducción en las clases medias y altas y su eventual retorno a los medios e industrias culturales.

Si bien la década anterior había alternado periodos de recesión con estabilidad, en los ochenta la crisis era permanente. La gravedad de la situación se puede apreciar con algunas cifras recogidas por Valenzuela Arce sobre la economía de 1982 a 1987: caída del poder adquisitivo de 44%, alza de la tortilla del 416%, alza del pan del 1800 % (*¡A la Brava Ese!* 221). Como consecuencia, se agudizó la brecha entre las clases sociales y entre 1984 y 1992 el 70% del ahorro se concentraba en un 10% de la población (Hernández 492).

Para agravar la situación, en septiembre de 1985 un terremoto de 8.1 grados en la escala de Richter afectó a la Ciudad de México. Además de los muertos y heridos, fueron miles los que perdieron sus casas. La sociedad civil organizó comités de rescate que luego se volvieron organizaciones vecinales para gestionar la obtención de préstamos para viviendas. Esta movilización ciudadana fue para muchos observadores el nacimiento de la sociedad civil como instancia organizada y agente desvinculado de instituciones gubernamentales. También fue un evento importante para el rock mexicano, al que se le atribuye haber fomentado un sentido de solidaridad.

En el plano internacional, México ingresó en 1986 al GATT, antecedente directo del TLCAN. Los gobiernos neoliberales de Miguel de la Madrid (1982-1988) en adelante suspenden las medidas proteccionistas y liberan la política económica —eufemismo para referirse a la implantación del libre mercado—. De manera muy general, esta reordenación consiste en retraer la participación del estado en la regulación de las finanzas, abandonar su incursión en el sector industrial y de servicios para dar paso al capital global; *capitalismo salvaje* para algunos, *modernización económica* para otros. Entre los sectores que se privatizaron y posteriormente se globalizaron, está el de las industrias culturales que luego producirían la comercialización del rock en español en los países hispanohablantes.

Maritza Urteaga observa que especialmente después de 1985, Año Internacional de la Juventud, se nota un cambio hacia políticas culturales menos represivas y se permite el uso de instalaciones oficiales como casas de cultura, museos, teatros, parques e incluso reclusorios para la presentación de expresiones culturales juveniles (*Territorios* 116). También se observa un impulso de la cultura en México por parte del Estado a través de revistas, ferias de libros, festivales de poesía y arte como el Cervantino y la apertura de nuevos museos como el Palacio de Minería y el de Culturas Populares (1982). La sociedad civil también se informa, se organiza y participa cada vez más. En general, prosperan el periodismo crítico, la literatura y las artes. (Agustín, *Tragicomedia Vol.2* 208). Para el rock nacional, su inclusión en circuitos universitarios significó el inicio de su desestigmatización dentro de la cultura popular urbana. A partir de entonces, este se revitaliza y comienza a interpelar a diversas audiencias.

El rock surgido en esta época es el 'rock rupestre', música cercana al blues, a la trova cubana y al folklore. Tere Estrada explica que se le conoció así porque "Alejandro de la Garza tenía un espectáculo al que él llamaba 'el poeta rupestre'. . . Rockdrigo González retomó este adjetivo y se denominó cantante rupestre, refiriéndose a aquellos solistas que cantaban con su guitarra acústica" (*Lenguaje* 29). Este es un movimiento más bien intelectualizado; sus músicos más representativos son: Jaime López, Arturo Meza, Nina Galindo, Rockdrigo González, Cecilia Toussaint, Guillermo Briseño y Botellita de Jerez. Esta generación se decide definitivamente por componer en español y a través de letras poéticas y humorísticas, narra conflictos personales, historias urbanas y hace crítica social, como vemos en este fragmento de "Tiempos híbridos" de Rockdrigo González.[16]

> Era un gran tiempo de híbridos,
>
> . . . .
>
> De salvajes y científicos
>
> En la vil penetración cultural ...
>
> En lo profundo norteño imperial...
>
> En la desfachatez empresarial...   (21, 25-28)

Musicalmente comienzan a combinar rock con ritmos populares y de las primeras mezclas surgieron el etno-rock de Jorge Reyes y el charrocanrol de Botellita de Jerez. Aunque el rock internacional siempre ha sido una referencia musical obligada, es a partir de este momento que el rock mexicano comienza a generar un sonido distinto al del canon internacional. Además de los foros públicos, se abrieron varios bares y centros nocturnos o 'antros' donde se tocaba rock. Muchos de ellos pertenecían a los músicos mismos, con lo que se garantizaba la existencia de vías de difusión disponibles y fuentes de trabajo más estables.

El movimiento rupestre convirtió al rock en un género 'purificable' en tanto que era más cercano a los valores y las prácticas de la clase media educada: intelectualidad, creatividad, libertad y crítica social. Los agentes 'purificadores' fueron las universidades, los museos y sus audiencias que le otorgaron un valor positivo. Sin embargo, este nuevo movimiento no es una reconversión o aceptación del rock *punk*, sino que se desarrolló de

---

[16] También se le conoce como el 'profeta del nopal' y fue uno de los personajes más influyentes de su generación. Editó de forma independiente su único disco *Hurbanistorias* (1983). Murió en 1985 en el terremoto de la Ciudad de México.

manera alternativa y paralela a las tocadas de Ciudad Neza. Los espacios recién abiertos para el rock no tocaban la misma música ni asistía el mismo tipo de público de los hoyos. Los hoyos, el movimiento *punk*, su estigmatización y represión siguieron existiendo durante los ochenta casi en las mismas condiciones que en la década anterior, lo que afianzó la diferencia de clases al interior del movimiento rockero. Lo que hoy se conoce como *Rock Urbano* es un eufemismo que sirve para designar al rock de esos sectores marginales, que no ingresó a las disqueras transnacionales en los ochenta y que continuaría existiendo fuera del *mainstream* (figura 6).

Figura 6. Pinta callejera en la que se anuncia tocada

de Espécimen, Transmetal y Sur 16. Febrero, 2017.

Fuente: Archivo personal.

A fin de consolidar su profesionalización, los rockeros rupestres grababan sus discos en pequeños sellos que se crearon hacia mediados de los ochenta (figura 7). Entre otros se encuentran compañías como Fotón, Comrock (1984), Pentagrama (1981, que también grababa música folklórica latinoamericana), Denver (1986, que grababa casi exclusivamente a los grupos de Rock Urbano) y Exilio (1987, que luego sería Lejos del Paraíso). Algunos músicos que no lograban grabar un disco, o como paso anterior al disco, auto producían un demo o grabación casera con una o dos canciones originales que vendían en sus presentaciones.

Figura 7. Cecilia Toussaint. Portada de *Arpía*, Pentagrama 1987.

Fuente: Archivo personal

Las condiciones eran favorables. Algunos sellos establecieron convenios de distribución con compañías grandes, con lo que se lograba combinar una producción independiente con canales eficientes de distribución y un creciente público de clase media que podía comprar sus discos y asistir a sus presentaciones en vivo sin temor a ser arrestados. Otro factor que favorecía la rápida difusión de la música era el uso generalizado del *cassette* y el *walkman* que permitía copiar, regalar, mezclar, regrabar e incluso llevar consigo la música de manera muy accesible.

Esta situación privilegiada no duró demasiado pues las industrias culturales ya habían notado el potencial mercantil del rock cantado en español y decidieron producir su propia versión de este. José Agustín explica que ante el éxito del movimiento rupestre:

> Televisa se alarmó (eran grupos que no controlaba y que daban una visión contracultural, alternativa a la del sistema), así es que urdió la campaña de "rock en tu idioma", que aprovechó el interés creciente por los nuevos grupos nacionales y lo canalizó hacia grupos inanes. . . . en vez de promover a Rockdrigo, al Tri o a Botellita." (*Tragicomedia Vol. 3* 93)

Esta campaña no provino solo de Televisa sino también de las disqueras internacionales, en especial de BMG–Ariola, que ya estaba planeando el lanzamiento internacional del rock en español. Convocado por Miguel Ríos, en 1986 se organizó en Madrid el Primer Festival de Rock Iberoamericano, donde se presentaron grupos de Argentina, Chile, España, Venezuela y México representado por el Tri. Además de los conciertos, también se realizaron mesas redondas donde los músicos daban sus impresiones sobre la situación del rock en sus respectivos países. El resultado fue el lanzamiento de una serie de discos llamada 'Rock en tu Idioma', que incluían a grupos principalmente de España como Los Hombres G, Mecano, La Unión, Toreros Muertos, Miguel Ríos; y de Argentina como Miguel Mateos, Soda Estéreo, Charly García, Los Enanitos Verdes y Fito Páez.

Este lanzamiento inauguró *oficialmente* lo que los jóvenes españoles y latinoamericanos de entonces conocieron como 'El Boom del Rock en Español' que, como el otro 'boom', se debió en gran medida a la industria cultural que apoyó su producción y distribución.[17] A pesar de ser un mosaico de ritmos, grupos e historias, los grupos del boom tenían la misma lengua en común, sus canciones eran bastante bailables y fueron un éxito en el mercado

---

[17] La década de los ochenta es importante para la música en español en general, ya que a partir de entonces, las compañías multinacionales comienzan a prestar atención al mercado hispano estadounidense e internacional y modifican su organización interna para albergar a departamentos especializados en música latina (Negus, cap. 6)

juvenil hispanohablante. La efervescencia del género se vivió como un momento celebratorio y festivo a pesar de (¿o debido a?) las difíciles condiciones económicas que se vivían en toda Latinoamérica. Líricamente se caracterizó por temáticas románticas o lúdicas en la misma línea del pop.

En México, Televisa y los medios de comunicación en general apoyaron a los rockeros importados que fueron masivamente consumidos. Carlos Polimeni señala que hablar de una "invasión" del mercado mexicano "no es una imagen: aún en 1988, de los veinte primeros puestos en los rankings de los discos más vendidos en México, siete estaban ocupados por artistas argentinos de rock y otros nueve por artistas españoles" (*Bailando* 80). En general, la participación de los músicos mexicanos fue marginal en el boom. Ya sea por elección propia al conocer las condiciones de contratación o por falta de oportunidad, muy pocos músicos rupestres o de los hoyos se integraron al boom. Al igual que a principios de los ochenta, se produce una discontinuidad ya que los grupos más sobresalientes del movimiento rupestre no son los que se incorporaron a la siguiente etapa. La mayoría insistió en la producción independiente u optó por otras ocupaciones generalmente relacionadas con la música. A pesar de esta ruptura, la masmediatización del rock en español fue relevante para el rock mexicano ya que favoreció la aceptación social del género, impulsó la creación de un mercado internacional y condicionó las relaciones que existirían a futuro con la industria de la música.

Quinta etapa. Rock mestizo

De los noventa al 2007

"Ando buscando reptiles conscientes,

de actos pensantes y no convenientes"

Caifanes

Aunque la promoción mediática del rock en español duró solo unos años, esta iniciativa comercial sirvió para abrir canales de intercambio entre músicos de distintos países, fomentó su profesionalización e incentivó el circuito de conciertos. Para la industria, significó el reconocimiento del 'rock en español' como género diferenciado del rock en inglés y del pop en español. Estos cambios promovieron, a partir de los noventa, nuevos patrones de producción y consumo, así como una evolución musical y simbólica. Por ello es que planteo aquí hacer la distinción de otra etapa del rock en México, diferente al boom de los ochenta.

El proceso de desmarginalización y comercialización del rock en español iniciado en la década anterior propició que este fuera apropiado por diferentes sectores sociales. En los noventa, el rock mexicano diversificó su audiencia y apeló a un mayor número de consumidores que ya no necesariamente se concentraban en las ciudades grandes ni pertenecían a un grupo de edad o clase social en exclusiva. Chava, el vocalista de La Castañeda, comenta: "A mí me toco [ver] en Sinaloa de Leyva, un lugar donde nos fue a ver gente a caballo y cosas así" (entrevista a Bañuelos y Blanc). Otra diferencia importante es que esta generación retomó ritmos, habla y temas locales, empezando así a identificarse más como *rock mexicano* que con el término genérico de *rock en español*.

También se trata de una escena más diversificada, más politizada y con un componente de crítica social escasamente presente en los grupos del boom. Evidentemente este rock tiene fuertes vínculos con el movimiento rupestre de los ochenta, e incluso podríamos pensarlo como una evolución musical y comercial de este, mediada por un paréntesis de mercantilización del género. Un buen ejemplo de este vínculo es Las Insólitas Imágenes de Aurora que luego como Caifanes vivió ambos periodos.

La tensión que caracterizó a esta quinta etapa es la negociación entre acceder a las posibilidades de difusión y consumo más generalizado, sin tener que renunciar a su legitimidad como cultura alternativa y como expresión creativa independiente. En retrospectiva, podemos ver que el boom sirvió para que el rock mexicano se incorporara –si bien marginal y conflictivamente– a las industrias culturales, así como para extender su público más allá de los dos sectores a los que primordialmente llegaba diez años antes: los circuitos universitarios y los hoyos de la periferia de la Ciudad de México. La industria del disco jugó un papel importante en la dirección de este movimiento. Los sellos independientes existentes ampliaron sus posibilidades de producción y distribución y otros nuevos comenzaron a operar.

Durante este proceso de masificación, hay que señalar que solo algunos grupos –de los muchos existentes en ese momento- tuvieron acceso a las condiciones de trabajo que les permitieron usar la infraestructura de las empresas globales para difundir sus producciones. Pacho Paredes, baterista de Maldita Vecindad, afirma en su libro *Rock mexicano. Sonidos de la calle* que el reconocimiento de algunas bandas no significó que el rock mexicano como tal haya dejado de ser reprimido o boicoteado por las autoridades ya que a la inmensa mayoría de rockeros se les seguía impidiendo trabajar.

Aunque en este periodo -a diferencia de la siguiente etapa- el término *rock* aún se usaba de manera inclusiva, este abarcaba diferentes estilos y comunidades. Musicalmente, tiende a la experimentación y a la hibridez que eventualmente producirían nuevos estilos musicales y también culturales. Este proceso de territorialización es definitorio para este periodo no solo en México sino en toda Latinoamérica.

La mayor politización de músicos y público rockero en esta etapa, se corresponde con la transformación que la sociedad y la política mexicana experimentaron a finales del siglo XX. En 1988 el neocardenismo reavivó la participación política de estudiantes, intelectuales y en general de un gran sector de la sociedad civil que se había alejado de esta. Seis años más tarde, el levantamiento del EZNL en Chiapas el 1ro. de enero de 1994 (mismo día en que entrara en vigencia el TLCAN) alimentó el ánimo antipriísta y motivó el activismo social. A través de sus letras, entrevistas y conciertos, los músicos se pronunciaron a favor o en contra de algunos partidos y propuestas ideológicas. Santa Sabina declara en una entrevista para Ciudad Rock "Uno se solidariza inmediatamente con el EZNL por lo que simboliza como una petición de justicia" (entrevista por Ricardo Bravo). La solidaridad de Santa Sabina, junto con la de muchos otros rockeros, se manifestó en una serie de conciertos organizados a favor de las comunidades indígenas en Chiapas y en general en apoyo al neozapatismo en un proyecto llamado "La serpiente sobre ruedas". Esta declaración de principios se convierte en un rasgo de la cultura rockera posterior al boom y es relevante para la vigencia y recepción tanto de grupos nuevos como consolidados.

Uno de los cambios en la política nacional en el que conviene ahondar es el multipartidismo. Como mencioné antes, la transformación del escenario político ha ejercido un efecto directo en la tolerancia y la apertura cultural del país. A partir de la polémica elección del presidente Carlos Salinas en 1988, los partidos de oposición observan las elecciones mucho más de cerca y ganan cada vez mayor número de puestos de elección directa. Como resultado, las cámaras de diputados y senadores transformaron paulatinamente su composición, por lo que los presidentes y gobernadores de los estados (de cualquier partido) gobiernan con amplia oposición en el congreso.

Tabla 2. Distribución de curules en las cámaras

de diputados y senadores del 1976 al 2006.

AÑO	% PRI	% PAN	% PRD	% OTRO	% OPOSI-CIÓN	TOTAL
1976	88.2	8.4	--	3.4	11.8	237
1982	74.7	12.7	--	12.6	25.3	400
1988	52	20.2	--	27.8	48	500
1994	60	23.8	14.2	2	40	500

Fuente: Adaptado de Alicia Hernández, p. 466 y 470.

AÑO	% PRI	% PAN	% PRD	% OTRO	% OPOSI-CIÓN	TOTAL
2000	43	43	10	4	57	495
2003	45	30	19	5	69	500
2006	21	41	25	13	59	500

Fuente: Adaptado de Efrén Arellano, p. 7.

Como pauta de este cambio, la tabla 2 muestra la pérdida de la mayoría absoluta de asientos por parte del PRI hasta la eventual pérdida de la presidencia en el año 2000. Culturalmente, el paso al multipartidismo significó el relajamiento de la censura en los medios, la tolerancia a las críticas de políticos o acciones gubernamentales. También fomentó la vigilancia en las elecciones y en el funcionamiento de las instituciones públicas. La tan esperada alternancia del poder sucedió en el año 2000 con el triunfo del PAN en las elecciones presidenciales. Sin embargo, este triunfo político no alteró el proyecto económico neoliberal, por lo que pronto regresó la apatía política. El abstencionismo del 59% en las elecciones del 6 de julio de 2003 (las primeras después del triunfo de Vicente Fox) y el polémico triunfo de Vicente Calderón en el 2006, demuestran la desesperanza de lograr cambios por la vía política.

Como hemos visto, las últimas dos décadas del siglo XX presentan características contradictorias ya que al mismo tiempo que se vivía una fuerte crisis económica y social, la cultura intelectual y popular se desarrolló notablemente dentro y fuera de los marcos institucionales. Esta paradoja es solo aparente ya que, ante las difíciles condiciones económicas, es entendible que la sociedad civil buscara cada vez más activamente formas autogestivas de participación. La apertura cultural y la tolerancia hacia manifestaciones alternativas e incluso disidentes también pueden verse como parte de una respuesta del gobierno a las demandas de la sociedad civil cuyo descontento crecía y buscaba canales de expresión. El estado optó por canalizar la inconformidad y otorgar una mayor libertad cultural, pero sin alterar el sistema político y económico existente.

Sexta etapa. ¿Rock Privado?

Del 2007 → (¿al COVID?)

> **"Hablemos de luces, hablemos de nada.**
>
> **Hablemos de cosas de verdad, de lo mortal"**
>
> **Zoé**

Esta etapa, caracterizada por el uso de internet y en general por el desarrollo de la tecnología, representa un salto no solo en la forma de experimentar la música sino en la forma de vivir en general. Asumiendo los riesgos de documentar un pasado reciente, en los siguientes párrafos describiré las tendencias en la producción y consumo de la música en contraste con el periodo anterior, así como el contexto nacional.

A diferencia de los rockeros del periodo anterior, generación X, los jóvenes de este periodo pueden identificarse como parte de la generación Y y Z (milenial y postmilenial). Ellos son nativos digitales, acostumbrados a la rapidez con la que funciona la tecnología, poseen un sentido de inmediatez o urgencia de resultados y un gusto por lo nuevo que favorece el consumo desechable. De acuerdo con Bauman, ellos construyen sus 'políticas de vida' de acuerdo a su contexto inmediato sin buscar transformarlo. En este sentido, son más individualistas, prefieren no adquirir compromisos duraderos y tienen poco aprecio por la educación institucional o en general por las instituciones (*La modernidad líquida*). Los rituales de agregación están transformándose en este periodo. Las comunidades se forman alrededor de eventos o momentos y se diluyen con rapidez, por lo que él las llama 'comunidades explosivas'. George Yúdice, por su parte, describe a esta nueva manera de participar en grandes grupos (normalmente virtuales) de manera efímera o circunstancial como 'individualismo multitudinario' (*Nuevas tecnologías* 43).

¿Qué contexto social y económico encuentra esta generación? Desafortunadamente no muy diferente al periodo anterior. Como dijimos antes, la alternancia política PRI – PAN – PRI no trajo consigo un cambio en la política económica; los problemas de desigualdad, pobreza y violencia persisten y algunos aún empeoran. De acuerdo con el Banco Mundial, México tiene un Índice Gini, o de la desigualdad, de 48.2 para el 2014 (*Banco Mundial*, 2017). [18] Esto lo coloca entre los países más desiguales del mundo. Como ejemplo de la precariedad del ingreso en esta etapa, cito los datos del salario de un trabajador de la industria manufacturera. Según el portal del INEGI, un trabajador de este sector ganaba en enero del 2014 $2.7 USD por hora, en comparación con $19.5 USD en Estados Unidos, $16.2 USD en Francia y $4.6 USD en Chile en el mismo periodo (INEGI, *Ocupación y empleo* 2017). Por otra parte, si bien los índices de desempleo se mantienen bajas y estables, una cifra alarmante es el número de 'población no económicamente activa disponible'. Es decir, personas que no trabajan y no están buscando trabajo pero que estarían en condiciones de tener un empleo. La tabla 3 ilustra esta situación.

---

[18] El índice o coeficiente de Gini mide anualmente la **distribución** del ingreso por países. Un índice 0 representa la igualdad total y 100 sería la desigualdad total. Es importante notar que esta **no** es una medición de la riqueza, sino de su reparto. De acuerdo al Banco Mundial, un índice entre 20 y 35 puntos se considera aceptable y uno mayor de 44 alarmante. Como dato comparativo, cito los índices de otros países de acuerdo a la misma fuente: Argentina 42.7, Australia 31.3, Guatemala 48.7, Finlandia 27.2.

Tabla 3. Porcentaje de desempleo e inactividad

durante el cuarto trimestre del 2016.

	Número	**Porcentaje**
Población total	122 746 451	100 %
Población económicamente activa desocupada **(no tienen trabajo, pero están buscándolo)**	1 911 126	2 % aprox.
Población no económicamente activa disponible **(no tienen trabajo y no lo están buscando, aunque están en condiciones de trabajar)**	5 898 153	5 % aprox.

Fuente: Adaptado de INEGI. Ocupación y empleo. Cuadro Resumen.

http://www3.inegi.org.mx/sistemas/temas/default.aspx?s=est&c=25433&t=1

Despectivamente llamados *ninis*, hablamos de millones de jóvenes con proyectos de vida nulos o precarios que además conviven con nuevas formas de violencia y narcotráfico. Es una especie de *drop out* involuntario y sin ideología.

Luego de una visita a Guadalajara, México, David Byrne reflexiona sobre estos jóvenes y se pregunta, "Si están excluidos de la cultura y no se sienten parte de la sociedad, ¿por qué habrían de obedecer sus reglas?" (383). Se trata de un fenómeno global, que en el contexto mexicano se ve agravado por la abrumadora presencia de grupos delincuenciales locales y transnacionales.

Dentro de la industria de la música, el mayor cambio en el siglo XXI es el deterioro del dominio de las *majors* y la emergencia de un 'nuevo modelo' de producción musical, que en realidad es la apertura a muchos modelos de hacer y experimentar la música. Aunque los procesos son paulatinos y nos damos cuenta de ellos casi en retrospectiva, elegí el **2007** como el inicio de esta etapa porque en este año sucedieron varios eventos en la misma dirección que nos sirven para observar esta transformación con claridad.

En el mundo de la música:

a) El grupo Radiohead abandona a su disquera EMI y publica en internet su álbum *In Rainbows* —el CD físico salió meses después—. El álbum podía ser descargado pagando lo que el consumidor quisiera, ¡incluso no pagando nada! De acuerdo al portal especializado *Pitchfork*, para el 2008 el grupo había logrado: *"Three million in sales! 100 000 discboxes shipped! 1.75 million physical CDs sold!"* [¡Tres millones de dólares en ventas! ¡100 000 *discboxes* enviadas! 1.75 millones de discos compactos físicos vendidos. *Traducción mía*] (Thompson).

b) Paul McCartney deja de trabajar con EMI (luego de una relación de casi 20 años) y lanza su álbum *Memory Almost Full* con *Hear Music*, filial de *Starbucks*, que lo tenía disponible en su cadena de cafeterías. El álbum logró 3 nominaciones al Grammy en 2008 y llegó al top 5 en Estados Unidos e Inglaterra.

c) Madonna decide salir de Warner para firmar un contrato 360° con *Live Nation* por 120 millones de dólares por 10 años (Navas "Live Nation y Madonna...").[19]

En el mundo de las comunicaciones:

d) Facebook lanza su versión en español. Aunque el proceso se completó hasta el siguiente año, esta fue la primera versión en un idioma distinto al original.

e) YouTube consolida su globalización al lanzar su sistema de localización por países incluido México (El Universal).

---

[19] Este contrato no se limita solo a la producción de su música sino, como su nombre lo sugiere, también a la organización de giras, mercadotecnia y todo el manejo de la carrera del artista.

En su momento, todos estos eventos sorprendieron a los consumidores y abonaron a consolidar "el fin del negocio musical tal como lo conocemos" (Byrne 269). En suma, observamos que la nueva tendencia era llevar la música de manera más cómoda y asequible para el consumidor y también más rentable para el artista. Aunque esta transformación se venía gestando desde finales de los noventa, tomemos el 2007 como punto de quiebre entre diferentes etapas.

¿Cómo evoluciona la escena del rock nacional en este contexto? La oferta se multiplica en tanto que la producción de música nueva se incrementa y los rockeros de los periodos anteriores siguen presentes. Estos últimos continúan participando en festivales, conciertos, entrevistas, colaboraciones, bandas sonoras, acoplados y homenajes. La figura 8 muestra los carteles de dos eventos en el 2016, uno en el Lunario y otro en el Auditorio Nacional, ambos foros de prestigio.

Figura 8. Cartelones de conciertos desplegados en el

Tianguis del Chopo durante el verano del 2016

Fuente: Archivo personal.

Es importante notar que el cartel de "Rock en tu idioma" dice 'Sinfónico'. ¿Significa esto que no va a ser interpretado por músicos de cabello largo y pantalones rotos, sino por una orquesta sinfónica? ¡Así es! Existe aquí una reconversión con un afán de adecentamiento o higienización, que despoja al rock de su contexto y propósitos originales. El fin es acercarlo a la alta cultura y ofertarlo de una forma elegante, para que se pueda consumir *sin peligro*, digámoslo así. Estas prácticas nos hablan de una consolidación del canon rockero, pero también de un agotamiento. La mayoría de los grupos de periodos anteriores, aunque produzcan nueva música, dependen principalmente del repertorio que los popularizó en su momento. Si bien esto no les impide la captación de nuevas audiencias jóvenes, existe una explotación del mercado de la nostalgia y de la retromanía posmoderna.

Respecto al desarrollo de una nueva cultura musical en esta etapa, observo tres prácticas que la distinguen de la anterior: **auge de la experiencia en vivo, diversidad y gestión independiente**. Propongo explorar estas tendencias a partir del análisis del festival Vive Latino (figura 9), particularmente en su edición número 18, la más cercana al momento de la revisión de este texto y por lo tanto la que mejor se puede documentar. Esta experiencia es representativa y puede informarnos de la evolución de la escena musical, incluso a nivel hispanoamericano.

Figura 9. Cartel de la edición número 18 del Festival Vive Latino en 2017.

Fuente: Sitio oficial http://www.vivelatino.com.mx/

Auge de la experiencia en vivo. Actualmente, la tendencia es privilegiar la experiencia musical en vivo sobre la posesión de esta. Considerando que internet posibilita el acceso a casi cualquier canción en cualquier momento, ¿por qué comprar un disco? Naturalmente, la adquisición de música va en detrimento, pero no así la asistencia a conciertos. Si bien estos solían considerarse una especie de evento de marketing para promocionar un disco, ahora son un fin en sí mismos ante la caída en las ventas de fonogramas.[20] Por su lado, los músicos necesitan esta fuente de ingresos y por otra los consumidores privilegian la vivencia del espectáculo en vivo, lo que ha resultado en una revitalización de la industria de conciertos de todos los géneros.

El crecimiento del festival Vive Latino ejemplifica el fortalecimiento de esta práctica. Sus inicios pueden encontrarse en los primeros conciertos masivos hechos en la Ciudad Universitaria de la UNAM a finales de los ochenta. Para su dieciochogésima edición en 2017, la prensa nacional reportó entre 140 y 150 mil asistentes. Los boletos valían entre $700 MXN y $2 200 MXN dependiendo de su tipo.[21]

En contraste con la prohibición institucional de los años setenta, existe en esta etapa una proliferación de conciertos y festivales y Vive Latino es uno de los más grandes del bloque hispanohablante. Esta práctica se replica en numerosos festivales itinerantes que recorren el país durante todo el año. Existe pues una aceptación de la experiencia rockera que ya está incorporada a la economía de mercado. Como se puede observar en el póster, algunos de los patrocinadores son: Coca Cola, Doritos, Uber, GNP y Cinemex. Estos participan en un negocio que va más allá del intercambio simbólico entre músicos y público. Para muchos seguidores, este éxito comercial aún representa una crisis de 'autenticidad rockera' en tanto que no contesta, sino que se sirve y colabora con el sistema económico vigente. Sin embargo, muchos otros consumidores de rock no encuentran conflicto alguno.

Como analizaremos más tarde, las tocadas y conciertos dan cuenta de los valores de quienes lo realizan. A pesar de haber evolucionado a eventos de entretenimiento, los conciertos de rock no son del todo apolíticos y aún abonan a la reproducción de la actitud rockera: contestación y hedonismo. Su transmisión en televisión y vía internet puede favorecer un equilibrio entre la experiencia virtual y presencial. Esta práctica es deseable, pues las presentaciones en vivo son rituales de agregación que refuerzan el sentido de

---

[20] En esta etapa, se valora la posición del disco en vinil, incluso en detrimento de la nitidez sonora; otro rasgo retro y posmoderno.

[21] Los boletos podían comprarse por uno o por los dos días y el precio variaba según la fecha de compra y el tipo de boleto: general o platino. El boleto más caro, abono platino para los dos días por $ 2 200 MXN, se agotó. En marzo del 2017, $700 MXN equivalían a $40 USD aproximadamente.

comunidad. Sin embargo, como señalamos al inicio de este apartado, la formación de comunidad en el siglo XXI es de carácter precario, dada su fugacidad.

Diversidad. En este periodo observamos que la escena musical se identifica con un rock adjetivado o subdividido en nichos. El concepto de *rock* en general está en declive y más lejano aún está el término Rock en español, que se encuentra ligado al boom de los ochenta y que para el siglo XXI es inoperante en tanto que muchos de los grupos cantan en inglés o en lenguas originarias. De los 81 actos del cartel del Vive Latino en 2017, solo 13 se presentan en el sitio oficial del festival como exponentes de *rock* sin otra vertiente. Los restantes 68 (equivalentes al 83.9%) se describen a sí mismos con uno de los 34 géneros o subgéneros enlistados en la Tabla 4.

Tabla 4. Géneros con los que se presentan los 81 participantes del Festival Vive 2017 en orden alfabético.

GÉNERO	No.	GÉNERO	No.	GÉNERO	No.
Alternativo	4	Hip hop	1	**Rock**	**13**
Cumbia electrónica	1	Indie rock	4	Rock electrónico	1
Deathgrind metal	1	Indie rock psicodélico	1	Rock hip hop	1
Electrónica	2	Metal electrónico	1	Rock metal	1
Folk indie	1	Metal gótico	1	Rock pop	9
Folk indie pop	1	Metal progresivo	1	Rock *punk*	6
Folk rock	3	Pop folk	1	Rock urbano	1
Fusión	7	*Punk*	1	Ska	5
Garage rock	1	*Punk* ranchero	1	Ska rock	1
Garage punk	1	*Punk* rock hip hop	1	*Surf punk garage*	1
Grupero	1	Rap	1	**Tropical**	1
Hard rock	2	*Reggae*	2		
Subtotal:	25	Subtotal:	16	Subtotal:	40
TOTAL:					**81**

Fuente: Elaboración propia a partir del sitio oficial del festival, edición 2017.

http://www.vivelatino.com.mx – bandas

Algunos de estos géneros están estrechamente ligados al rock (metal o *punk* por ejemplo), otros no son estrictamente rock pero de filiación rockera (*reggae* o ska), y también están los que definitivamente no son relativos al género pero que fueron invitados y cuentan con seguidores dentro de los asistentes: La Sonora Santanera - tropical y Bronco - grupero. Esto nos habla de una evolución en la actitud de los consumidores de rock. Hasta los ochenta, podríamos afirmar que esta habría sido una combinación improbable. Desde la quinta etapa, sin embargo, el rock reconoce y celebra la diversidad musical a través de diferentes formas de hibridez. Para el siglo XXI, los rockeros realizan homenajes y duetos con las figuras de otros géneros de música popular. Aunque su inclusión no deja de ser polémica, sus presentaciones se realizan en horario estelar y cuentan con gran afluencia.

Esta diversidad también se refleja en el origen de sus participantes (tabla 5). Si bien la mayoría son de México (38 de los 81), el resto proviene de 12 países diferentes, 5 de ellos incluso fuera del bloque hispanohablante.

Tabla 5. Países de los 81 participantes del Vive Latino 2017 en orden alfabético.

PAÍS	No.	PAÍS	No.
Argentina	10	Inglaterra	1
Colombia	7	Japón	1
Costa Rica	1	**México**	**38**
Chile	2	Portugal	1
España	8	Uruguay	1
Estados Unidos	9	Venezuela	1
Francia	1		
Subtotal	38	Subtotal	43
TOTAL:			**81**

Fuente: Fuente: Elaboración propia a partir del sitio oficial del festival
http://www.vivelatino.com.mx – bandas

Luego de observar las dos tablas anteriores, podríamos esbozar las siguientes conclusiones:

a) ni el rock ni el *punk* –como ningún otro género- han muerto, sino que se han reconvertido, diversificado y, claro, desradicalizado,

b) el pop es muy cercano al rock, aunque lo ponga en crisis [22],

c) somos una cultura mestiza que gusta del baile, existe una celebración de nuestra latinidad,

d) la escena rockera sigue dominada por músicos masculinos. De los 81 actos, solo diez bandas contaban con al menos un integrante femenino: Burning Caravan, Candy, Driven, El General Paz & La Triple Frontera, el Zombie, Faauna, Jotdog, La Barranca, Los Desenchufados y The Pretty Reckless. Solo cinco de los 81 eran solistas o grupos totalmente femeninos: Jazmín Solar, Julieta Venegas, Mon Laferte, Tessa la, y The 5, 6, 7, 8's. Juntos suman 15 actos de 81, lo cual equivale al 18 %,

e) la música electrónica no está muy integrada con el rock, se mueve en una escena paralela y sus prácticas de consumo son diferentes,

f) la tendencia dominante es que no hay tendencia, o bien que la tendencia es retro (al igual que sucede a nivel internacional y en otros géneros). Es decir, coexiste una gran diversidad de géneros entre sí, pero estos no reflejan una ruptura o aportación respecto a los géneros de los periodos anteriores.

En su conjunto, todos estos músicos representan una variedad de estilos, lenguas, intereses y modus operandi, lo que a su vez nos habla de distintos tipos de consumidores. Esta generación es ecléctica —a veces voraz—, acepta y aprovecha la oportunidad de disfrutar todo tipo de opciones (Bauman, *La cultura en el mundo de la modernidad líquida* 9 y ss). Esta actitud favorece una diversificación de la oferta y la demanda, lo que ha resultado en un boom de nuevas bandas, muchas de ellas creadas o apoyadas de diferentes maneras por músicos del periodo anterior. Es común que un músico más experimentado tenga algún proyecto alterno a su banda principal: De la tierra, Los odio, Hoppo, la Barranca

---

[22] De hecho, en la crítica y en la literatura académica anglo se considera al rock como parte de la música pop y se usan a menudo como términos intercambiables. En el contexto anglo, se piensa en el rock como música popular (pop music) en oposición a la clásica

son un ejemplo de ello.[23] También sucede que algunos son invitados a tocar o producir un grupo nuevo.

Este ambiente colaborativo ha propiciado que surja un número considerable de buenos grupos; sin embargo, ninguno de ellos ha logrado aún tener el impacto que tuvieron los de la etapa anterior. Esto se debe a varios factores:

- Uno es que muchos de ellos son independientes y operan a pequeña o mediana escala. Los grupos que han alcanzado la masividad en periodos anteriores se sirvieron de un modelo de producción que actualmente está en declive, como veremos en el próximo apartado.

- Otro factor importante es la dificultad para captar la atención de los escuchas que deben elegirlos de entre una gran cantidad de (nuevas y viejas) opciones musicales. En su artículo "Notas sobre los 00s: La década musicalmente fragmentada", Simon Reynolds utiliza la siguiente metáfora para describir la escena de rock anglosajón: "un lecho de flores ahogado por demasiadas flores". También en México hay demasiadas *flores* pues el periodista Alejandro Arroyo, de la revista Cultura Colectiva, tiene dificultades para elegir un número reducido de bandas sobresalientes, por lo que decide hacer un listado de: "Las 50 mejores nuevas bandas de rock en México", publicado en el 2016. Naturalmente, al igual que los escuchas, el artículo no puede profundizar en ninguna de ellas y la descripción que hace de estas es escueta. Se trata, pues, de una escena saturada y dispersa. Las ofertas compiten por la efímera y casual atención que los escuchas puedan prestarles. Tal cantidad de opciones –no solo en música, sino en todos los ámbitos de la cultura– mina nuestra capacidad de profundizar y entender mejor tanto cada una de ellas como el panorama general. Para Zygmunt Bauman, esta condición nos distancia del mundo y es la estrategia contemporánea del poder "que ha reemplazado las normas reguladoras y

---

[23] El grupo La Barranca es particularmente diverso ya que ha sido integrado en distintos momentos por: José Manuel Aguilera (Sangre Asteka/Nine Rain/Jaguares), Federico Fong, (Sangre Asteka/Caifanes/Hip Hop Hoodíos/Fobia/Jaguares), Alfonso André (Caifanes /Jaguares), Alejandro Otaola (Santa Sabina/San Pascualito Rey/Interior 3) y Cecilia Toussaint, entre otros. Esta banda es una de las más longevas, sin embargo, su alineación es cambiante y su actividad depende, de la agenda de los otros grupos con los que colaboran sus integrantes.

los modelos unificadores por una plétora de elecciones y un exceso de opciones" (*La cultura*… 53). Una paradójica 'pluralidad totalitaria' que nos dificulta el involucramiento.

En este contexto nos podemos preguntar, ¿dónde quedó la rebeldía de la cultura rockera? ¿aún existe el deseo de cambiar al mundo? Sí existe, pero se encuentra diluido. En entrevista para <u>Rocanrolario</u> disponible en YouTube, Rubén Albarrán opina que, si bien lo contestatario "forma parte de la esencia del rock", este último ha perdido la fuerza para conectar con ese ideal.

> [El rock] ya no tiene peligro, ya no tiene filo. Es como un cuchillo viejo que es más por fricción que por otra cosa que corta (risas) […] La contracultura ahora no sé bien decirte dónde está. Siempre me pregunto: ¿dónde está la contracultura?, ¿dónde está esa otra visión que sea peligrosa, que esté cortando? Tal vez no lo sé porque ya no soy joven.

Hay que notar que algunas de las demandas históricas del rock han sido, al menos parcialmente, satisfechas: legitimación de la alteridad cultural juvenil, libertad sexual, multipartidismo. Si bien existe una multitud de otros problemas sociales, el idealismo —como otros productos y servicios— también se ha personalizado. Diversos proyectos alternativos: veganismo, diversidad sexual o derechos humanos, por ejemplo, actúan eficientemente a nivel local y se relacionan con sus contrapartes nacionales e internacionales de manera virtual. Las redes sociales han canalizado gran parte de las expresiones de descontento social, así como del activismo. La contracultura se encuentra dispersa en diversas prácticas y proyectos que ya no pasan necesariamente por el rock o por alguna otra cultura musical. La nueva agenda del rock evidentemente responde a las aspiraciones de una clase media urbana que ha ganado su derecho a la recreación y a la participación ciudadana; por lo que la posición ideológica de la cultura del rock se ha moderado por mucho.

Gestión independiente. Como mencioné antes, el modelo de producción basado en empresas discográficas globales es puesto en crisis durante esta etapa. De las cinco disqueras *major* que dominaron el periodo anterior, se redujeron a tres desde el 2012: Warner, Universal y Sony. Si bien estas tres siguen acaparando la mayor parte del comercio legal de música, estas ya no representan la totalidad de la oferta musical. Las ventas de discos han descendido drásticamente desde el año 2000, sin que se compensen hasta ahora con la venta de descargas digitales (Sánchez 83 y ss.). Además, el tráfico fuera de las *majors* es cada vez más intenso y se escapa a las estadísticas oficiales.

La industria del disco se encuentra rebasada por las nuevas maneras de comunicación entre músicos y públicos. Por una parte, el *software* de grabación se diversifica y abarata de modo que músicos emergentes pueden generar grabaciones propias de buena calidad sonora. Por otra, las plataformas de *streaming* y las redes sociales hacen posible una distribución y promoción eficientes, dando lugar a empresas microindies, operadas a veces por los músicos mismos.[24] En la 18va. Edición del Vive Latino en el 2017, participaron 29 disqueras independientes (tabla 6).

---

[24] David Byrne, dedica el capítulo 7 "Negocios y finanzas" de su libro *Cómo funciona la música*, a describir el funcionamiento de la industria de la música en el siglo XXI. En él detalla seis posibles tipos de contratos entre músicos y compañías de distribución. Estos van desde los contratos 360° (cómo el de Madonna con *Live Nation*); hasta la auto-distribución que básicamente implica 'hazlo todo tu mismo' (Byrne 261-329).

Tabla 6. Las 29 disqueras independientes que participaron

en el festival Vive Latino - 2017 en orden alfabético.

Alternativa Representa	Isotonic
Arts & Craft México	La Roma Records
Bambam Records	Maln
Barbarela	Manrique Producciones
Casete	Moon Records
Ciudad del Rock	Pararrayos
Class Music	Pepe Lobo Rekords
Detrás del Rock Records	Progressive Waves
Discos Donovan	Recickla Discos
Discos Intolerancia	Terraza Records
Discos Panorama	Terrícolas Imbéciles
Discos Valiente	Titanio Records
Dragora Records	Vam Records
Fonarte Latino	45 Revoluciones
Imprimedia Producciones	

Fuente: Elaboración propia a partir del sitio oficial del festival

http://www.vivelatino.com.mx – vive +

La producción independiente es una práctica consecuente con la ideología rockera que privilegia la libertad y con la ideología de la generación que menosprecia lo institucional. En entrevista para *La Jornada*, los integrantes de Porter afirmaban: "Nos encanta [ser independientes]. No hay nadie que nos diga cómo hacer nuestra música o 'no me gusta tu imagen'. [...] Ser independientes nos permite elegir" ("Porter: somos la generación del escepticismo"). Otros grupos destacados de esta etapa también han optado por trabajar sin una compañía disquera durante algún momento de sus carreras: Austin TV,

División Minúscula, Hello Sea Horse o Radaid. Incluso Café Tacvba decidió publicar su octavo disco de estudio *Jei Beibi* de manera independiente.

Desde el polo de la recepción, internet permite prácticas colaborativas de intercambio y venta fuera de los canales tradicionales. El escucha se convierte cada vez más en gestor de su propia experiencia en tanto que participa de manera más autónoma en sus consumos culturales. Cada escucha puede generar sus propias *playlists* con sus bandas favoritas, es como hacer un *soundtrack* personal. Es posible que los grupos favoritos de algunos sean desconocidos para otros. De ahí el título de este apartado, en tanto que el consumo de música se vuelve en esta etapa una actividad más autónoma y privada; situación que espejea otras prácticas de consumo cultural en el siglo XXI.

Todo ello ha resultado en la pulverización de nichos. Como dijimos antes, existe una sobreoferta musical que compite por la atención de las audiencias, revistas o tiempo en radio. En el artículo citado arriba, el crítico inglés Simon Raynolds explica que el abaratamiento de la tecnología combinado con la riqueza musical de la que los músicos pueden alimentarse nos da una abundancia de buena música que paradójicamente impide el surgimiento de música "grandiosa", en tanto que las audiencias se encuentran diseminadas. "Más y más música entre buena y excelente se produce cada año, pero ese mismo hecho frustra la emergencia de la música realmente grandiosa, sofocándola" ("Notas sobre los 00's (sic)..."), comenta. En esta etapa es difícil identificar una tendencia o actores sobresalientes. Algunos se preguntan: ¿dónde está el Juan Gabriel de hoy?, ¿quién tomará el lugar de Café Tacvba? En general parecen decepcionados por no encontrar nuevos músicos de tal relevancia. Sin embargo, hay que tomar en cuenta que ese tipo de *blockbusters* musicales son producto —en parte— de un sistema de producción cultural monopólico, que dominó el siglo XX y que está en decadencia. Si actualmente Madonna puede trabajar con éxito fuera de las *majors*, se debe a que formó sus audiencias cuando estaba dentro de ellas. El periodista Ángel Navas comenta irónicamente:

> Los aficionados no acudieron a los estadios y no se gastaron más de
> $100.00 (USD) por boleto para escuchar el material más reciente de

Madonna. Fueron a escuchar éxitos como 'Vogue', 'Like a Virgin' y 'Lucky Star'. (*"Live Nation* y Madonna...")

Esto no quiere decir que Madonna, Café Tacvba o Juan Gabriel carezcan de méritos, sino que pudieron usar la infraestructura proporcionada por esa industria global para difundir sus méritos y crecer.

En suma, más que una evolución musical, podemos decir que esta sexta etapa se caracteriza por una evolución de las prácticas que dan forma a una nueva cultura musical. Se establece una manera de hacer y consumir música que aumenta la oferta, al tiempo que propicia la escucha privada y formas de agregación efímeras o con menos sociabilidad fuera del espacio virtual.

Esta dinámica social recuerda a una similar que tuvo lugar en los años treinta del siglo XX con el inicio de la música grabada. Entonces como ahora, el resultado del avance tecnológico fue que más gente escuchara e hiciera más música, más variada y que lo hiciera de forma privada. Se pasó de la escucha compartida con músicos o algún amigo tocando en vivo, a reproducciones solitarias en la intimidad de la casa. Las interpretaciones más pesimistas auguraban que era el fin de la música como factor de cohesión social; lo cual, como sabemos, no ocurrió. A la postre, la gran variedad de música resultante pasó a agruparse en nichos de mercado, la industria de la música floreció, los consumos culturales siguieron compartiéndose y resultaron ser un fuerte pegamento social.

Es importante notar que se ha democratizado la producción musical y también se ha liberado al consumidor de seguir las modas establecidas por las industrias culturales. En otras palabras, ya no son solo unos pocos privilegiados los que logran grabar un disco o hacer un video. Por su parte, los escuchas pueden ejercer mayor poder de decisión sobre lo que consumen, cómo y cuándo lo hacen. En un poco más de tiempo, con un poco más de perspectiva, podremos ver en el rumbo que han de tomar los nuevos modelos de producción y la cultura musical que estos generen.

Conclusiones

Luego de revisar la evolución del rock en México, notemos que una constante es su discontinuidad. No existe un discurso, grupo social o tendencia musical que predomine en su producción o uso. Los rupestres no son herederos de los *punks* ni los Caifanes pueden considerarse una continuación del TRI. Su desarrollo se ha dado a partir de rupturas y reacciones respecto a los movimientos anteriores y en relación directa con las cambiantes condiciones políticas y económicas.

Dado que distintos grupos sociales se han apropiado del valor simbólico de este producto cultural, su lugar dentro de la cultura ha dependido en gran medida del sector social que lo promueve y consume. Como muestra, observemos el desplazamiento de su status, que va del extremo de la marginación física y económica en los años setenta al polo opuesto de su consumo masivo e internacional en el siglo XXI. Maritza Urteaga opina que la clandestinidad a la que fue sometido en los setenta fue un freno y un impulso a la vez, pues su condición subterránea propició su "renacimiento y crecimiento como cultura popular subalterna entre y desde los barrios, las colonias y las escuelas clase-medieras y populares del DF" (cda. en Feixa 97).

De igual manera, la incorporación a las industrias culturales durante las últimas dos décadas del siglo XX funcionó a favor y en contra. Si bien la contratación de algunos grupos por empresas multinacionales significó la difusión nacional e internacional de su música, la popularidad masiva creó una 'crisis de legitimidad' para el rock. Ya que, aunque siga viniendo de 'los barrios y las colonias populares', se teme que "puede estar comprometido con el aparato comercial de la industria musical" a fin de producir un tipo de entretenimiento más para las clases opulentas (Ochoa 178).

En el siglo XXI, la evolución tecnológica trastocó por completo los modos de producción, distribución y consumo musical. Las nuevas dinámicas han incentivado una mayor producción, pero también una escucha superficial y más privada en menoscabo de la cohesión social. Por otra parte, no perdamos de vista que la tecnología ha liberado tanto a músicos como a audiencias del control monopólico que había ejercido la industria del disco y los medios masivos. Las formas de hacer y de comunicar un bien simbólico se han flexibilizado, lo que da por resultado un incremento de la producción de música; si bien en detrimento de la creación de megéxitos o bandas. La novedad de la situación crea prácticas inéditas que pueden o no ser duraderas. Existe un reacomodo de tendencias que a veces van en dirección opuesta al movimiento anterior. Aunque es pronto para evaluarlas, sí podemos fomentar aquellas tendencias que históricamente han dado como resultado sociedades más sanas y justas.

Fuentes

Bibliografía

AGUSTÍN, José. *La contracultura en México. La historia y el significado de los rebeldes sin causa, los jipitecas, los punks y las bandas*. México: Grijalbo Mondadori, 1996.

---. *Tragicomedia mexicana Vol. 2. La vida en México de 1970 a 1982*. México: Planeta, 1992.

---. *Tragicomedia mexicana Vol. 3. La vida en México de 1982 a 1994*. México: Planeta, 1998.

ARANA, Federico. *Guaraches de ante azul. Historia del rock mexicano*. 2da. Ed. México: María Enea, 2002.

BAUMAN, Zygmunt. *La modernidad líquida*. México: FCE, 2004.

---. *La cultura en el mundo de la modernidad líquida*. México: FCE, 2015.

BYRNE, David. *Cómo funciona la música*. México: Editorial Sexto Piso, 2015.

ESTRADA, Tere. "Lenguaje e identidad en el rock mexicano (1985-1990)." Tesis de licenciatura. UNAM, 1990.

FEIXA, Carlos. *El reloj de arena. Culturas juveniles en México*. México: Causa Joven e Instituto Mexicano de la Juventud, 1998.

GAITÁN SANTIAGO, Pablo. *Desmaderos. Crónica subpunk de algunos movimientos culturales en la submetrópoli defeña*. México: Universidad Autónoma del Estado de México, 2001.

HERNÁNDEZ CHÁVEZ, Alicia. *México. Breve historia contemporánea*. México:

FCE, 2000.

KUN, Josh. "Rock's Reconquista" *Rock Over the Edge. Transformations in Popular*

Music Culture. Eds. Beebe, Fulbrook, y Saunders. Londres: Duke University

Press, 2002. 255-288.

MARROQUÍN, Enrique. *La contracultura como protesta*. México: Ed. Joaquín Mortiz, 1975.

MONSIVÁIS, Carlos. "Introducción" *Rock mexicano. Sonidos de la calle*. José Luis,

Paredes Pacho. México: Aguirre y Beltrán Editores, 1992.

---. "La naturaleza de la onda" *Amor perdido*. México: Ediciones Era, 1979. 227-262.

---. "Notas sobre la cultura mexicana del siglo XX". *Historia general de México*.

Centro de Estudios Históricos. México: El Colegio de México, 2000. 957-1075.

NEGUS, Keith. *Music Genres and Corporate Cultures*. Londres: Routledge, 1999.

OCHOA GAUTIER, Ana María. "El desplazamiento de los espacios de autenticidad:

Una mirada desde la música" *Antropología* 15-16 (1998): 171-182.

PALACIOS FRANCO, Julia Emilia. "Una chica material", *Crines. Otras lecturas de*

rock. Comp. Chimal, Carlos. México: Ediciones Era, 1994. 133-143.

---. "Yo no soy un rebelde sin causa...o de cómo el rock & roll llegó a México". En

Rock en salsa verde. Comp. Velasco, Jorge Héctor. México: Uva Tinta Ediciones,
2013. 25-30.

PAREDES PACHO, José Luis. *Rock mexicano. Sonidos de la calle*. México: Aguirre y

Beltrán Editores, 1992.

POLIMENI, Carlos. *Bailando sobre los escombros. Historia crítica del rock*

latinoamericano. Buenos Aires: Editorial Biblos, 2001.

ROURA, Víctor. *Apuntes de rock. Por las calles del mundo*. México: Ediciones Nuevo

Mar, 1985.

RUBLI, FEDERICO. "La magia del *cover*". *Rock en salsa verde*. Comp. Velasco, Jorge

Héctor. México: Uva Tinta Ediciones, 2013. 31-35.

SÁNCHEZ, Antulio. *MP3, internet y fin de los discos compactos*. México: Universidad

Autónoma Metropolitana, 2009.

URTEAGA Castro-Pozo, Maritza. "De los jipitecas a los punketas. Rock y juventud

mexicana desde 1968" *Movimientos juveniles en América Latina. Pachucos,

malandros, punketas.* Eds. Feixa, Carles, et. al. Barcelona: Ariel, 2002. 35-64

---. *Por los territorios del rock. Identidades juveniles y rock mexicano*. México: Instituto

de la Juventud y CNCA, 1988.

VALENZUELA-ARCE, José Manuel. *¡A la brava, ese!* Tijuana, B.C., México: El

Colegio de la Frontera Norte, 1988.

YÚDICE, George. *Nuevas tecnologías, música y experiencia*. Barcelona: Editorial Gedisa,

2007.

ZOLOV, Eric. *Rebeldes con causa*. México: Norma Ediciones, 1999.

ZOLOV, Eric. *Refried Elvis. The Rise of the Mexican Counter Culture*. Berkeley:
University of California Press, 1999.

Entrevistas

ALBARRÁN, Rubén. "El rock ya está viejo" Entrevista por Roberto Cortez. 8 de marzo

del 2016. *Rocanrrolario.com.mx.* Septiembre de 2016.
https://www.youtube.com/watch?v=LZVtvoWO5HU

PORTER. "Somos la generación del escepticismo; todo nos deprime" Entrevista por

Peñaloza Patricia. 16 de junio de 2007. *La jornada.* Consultado el 9 de marzo
2017. http://www.jornada.unam.mx/2007/06/16/index.php?section=espectaculos
&arti cle=a10n1esp

SANTA SABINA. "El pensamiento detrás de los símbolos" Entrevista por Ricardo

Bravo. Octubre 1994. *Ciudad rock en español.* 23 Mayo, 2003.

http://home.earthlink.net/~joseojeda/santa_sabina/ss_1094.html

SARQUIZ, Óscar. Entrevista personal. 19 de junio de 2003.

Fuentes Audiovisuales Citadas

Café Tacvba. *Jei beibi*. Producción Independiente, 2017

Cecilia Toussaint. *Arpía*. Ozono/Pentagrama, 1987.

César Costa. *Canta*. Orfeón, 1961.

Los chiflados del rock and roll. Dir. José Díaz Morales. Película. 1957.

Los Locos del Ritmo. *Rock*. Maya, 1960.

Los Teen Tops. *Los Teen Tops*. Columbia, 1960.

Maldita Vecindad. *El circo*. BMG/Ariola, 1991.

Rebelde sin causa. Dir. Nicholas Ray. Película. 1955.

Rockdrigo González. *El profeta del nopal*. Pentagrama, 1986. (Edición póstuma)

---. *Hurbanistorias*. Edición de autor, 1984.

Semilla de maldad. Dir. Richard Brooks. Película. 1955.

Fuentes Electrónicas

ARELLANO TREJO, Efrén. "La transformación de la cámara de diputados".

Centro de Estudios Sociales y de Opinión Pública. Documento de Trabajo núm. 134, junio de 2012. C:/Users/schlittE/Downloads/Transformacion-Camara_Diputados-docto134%20(1).pdf. 1 de febrero, 2017

ARROYO, Alejandro. "Las 50 mejores nuevas bandas de rock en México".

Cultura Colectiva. 11 de junio del 2016

https://culturacolectiva.com/musica/nuevas-bandas-mexicanas/ Agosto de 2017.

Banco Mundial. "Índice Gini – México". 2017

http://datos.bancomundial.org/indicator/SI.POV.GINI?end=2014&locations=MX&name_desc=false&start=2014&view=map 6 de abril de 2017.

BAÑUELOS, Che y BLANC, Enrique. "Culebra y el rock independiente mexicano".

1998. http://home.earthlink.net/~joseojeda/culebra.html 23 de mayo de 2003.

CABALLERO, Jorge; MOLINA, Tania; GONZÁLEZ, José Carlo. "El festival Vive

Latino llega a la mayoría de edad". La jornada. 17 de marzo de 2017.

http://www.jornada.unam.mx/ultimas/2017/03/17/el-festival-vive-latino-llega-a-la-mayoria-de-edad-1 7 de abril de 2017.

Comisión nacional de salarios mínimos. "Salario mínimo general promedio".

29 de junio de 2005. http://www.conasami.gob.mx/indice.htm 13 de julio de 2005.

El Universal. "Presentan hoy YouTube México" 11 de octubre del 2007

https://web.archive.org/web/20090516063924/http://www.eluniversal.com.mx/articulos/43235.html   15 de septiembre de 2017.

ILCE. Red escolar. "1968" octubre de 2003.

http://redescolar.ilce.edu.mx/redescolar/act_permanentes/historia/html/mov68/indexenca.htm Octubre de 2005.

INEGI. "Ocupación y empleo. Cuadro Resumen" Estadística, Temas. 2017 http://www3.inegi.org.mx/sistemas/temas/default.aspx?s=est&c=25433&t=1.

24 de febrero de 2017.

INEGI. "Ocupación y empleo. Remuneraciones." Estadística, Temas. 2017

http://www.inegi.org.mx/sistemas/bie/cuadrosestadisticos/GeneraCuadro.aspx?s=
est&nc=539&c=25702.   24 de febrero de 2017.

MARTÍNEZ-PELÁEZ, Manuel. "Después de Avándaro: El hoyo negro del rock

mexicano." Producciones Maph. Julio de 2003

http://www.maph49.galeon.com/avandaro/avandaroa.html Agosto de 2003.

NAVAS ROSAL, Ángel. "Live Nation y Madonna nos muestran la importancia de los

contratos 360" IndustriaMusical.es. 29 de agosto de 2013.

http://industriamusical.es/live-nation-madonna-contratos-360/

Septiembre de 2016.

REYNOLDS, Simon. "Notas sobre los 00s: La década musicalmente fragmentada"

Blog: Estéticas de la dispersión. 7 de diciembre de 2009.
http://esteticasdeladispersion.blogspot.mx/2009/12/dispersion-musical.html

16 de abril de 2017.

ROURA, Víctor. "Políticamente roqueros." Hoja por hoja. Num. 7. Abril de 2003.

http://www.hojaporhoja.com.mx/impresión.asp?id=1891 Junio 2003.

THOMPSON, Paul. "Radiohead's In Rainbows Successes Revealed" Pitchfork. 15 de

Octubre de 2008. http://pitchfork.com/news/33749-radioheads-in-rainbows-
successes-revealed/ 27 de julio, 2017.

Vive Latino. Sitio oficial. Marzo 2017. http://www.vivelatino.com.mx/ Mayo 2017.

Whosampled. "Elvis Presley". 2017.

http://www.whosampled.com/Elvis-Presley/covers Febrero 2017.

Wikipedia. "Facebook". 20 de mayo de 2017. https://es.wikipedia.org/wiki/Facebook

24 de mayo de 2017.

Wikipedia. "Historia del internet en México". 14 de mayo de 2017.

https://es.wikipedia.org/wiki/Internet_en_M%C3%A9xico 24 de mayo de 2017.

Wikipedia. "Memory Almost Full". Julio 2017.

https://en.wikipedia.org/wiki/Memory_Almost_Full 28 de julio de 2017.

Wikipedia. "Radio por internet". 21 de mayo de 2017.

https://es.wikipedia.org/wiki/Radio_por_Internet 26 de mayo de 2017.